「医療は万民のもの」を掲げ志なかばで斃れた医師　中島辰猪

藤田廣登　著

▲青砥無産者診療所跡

▲亀有無産者診療所跡

▲千葉北部無産者診療所跡

▲中島辰猪
千葉医大（現、千葉大医学部）
卒業前・1930 年

▲中島辰猪この地に眠る（葛飾区・法問寺――1932・2建立）

・写真裏書に「1933年2月12日午後4時先生1周忌に際し撮影す
――プロレタリア寫眞家同盟」（遺品写真から）

中島辰猪の心はこの地に生きる
「医療は万民のもの」との旗印を高く掲げ、
無産者医療運動の黎明期に
27歳の若さで、
輝かしい人生を閉じた中島辰猪の遺志は
今も脈々として守り継がれている……
その源流を支えた人々に今、光をあてる

医療同盟ニュース

故同志中島追悼号

東京府下大崎町
下大崎　二七九
日本無産者医療同盟

一九三二・三・一

弔詞

同志中島辰猪君

日本無産者医療同盟本部は全国各支部各診療所及び各準備会を代表し今君と永別するにあたり、吾同盟に対し特に亀有、千葉両診療所に於ける君の功績に対し満腔深甚の敬意と感謝を捧げるものである。君今やこの世になし、君は既に白骨となつてゐる。だが君の残した記念の事業は断然生きてゐる。

同志中島辰猪君

吾が同盟本部は君の死をたゞ単純な病死とは夢にも考へてゐない。あの暴圧に依つて君の生命は全く犠牲にされたのだ。

君は吾同盟の拡大強化の為めに一身を與へたのだ。

しかも君は最后の一息を引きとるまで吾同盟と君の部署を片時も忘れなかつた。

吾々は最早泣かない。いや断じて泣かない。吾々は敵を憎む。吾々は心から憤激してゐる。

吾々は只、決意を告げ得るのみだ。吾が同盟をして拡大強化せしめることこそ君から最も喜ばれる、君を記念する唯一の道と確信するものである。

同志中島辰猪君

今君の追悼会を遂行するにあたつて吾々は声高く叫ぶであらう。

ブルヂョア独占の医療制度絶対反対だ！

プロレタリア医療制度を確立せよ！

同盟の拡大強化を以て同志中島君を記念せよ！

一九三二年二月十五日

日本無産者医療同盟本部

代表　大栗清實

追悼会に弔詞、弔電をよせられたる団体・個人名

医療同盟技術者団
大崎無産者診療所
大崎無産者健康会
亀有無産者診療所
亀有無産者健康会
北部無産者診療所
北部無産者健康会
東北無産者診療所
東北無産者医療組合
三島無産者診療所
医療同盟大阪支部
医療同盟横浜支部準備会
江東各診準備会
秋田医療利用組合
日本労農救援会準備会
日本赤色救援会
日本プロレタリア文化聯盟
日本プロレタリア作家同盟
日本戦斗的無神論者同盟
日本プロレタリア美術家同盟
日本プロレタリア演劇同盟
日本プロレタリア映画同盟
日本プロレタリア写真家同盟
プロレタリア科学研究所
関東消費組合聯盟
東京借家人組合
全国農民組合東京府聯合会
全農茨城県聯合会協議会
全農茨城県聯合会青年部
日本交通従業員一同
日本木材建築労働組合東京支部江東橋支部
旋盤工労働者一同
秋田雨雀
河合卓
平良衛
新日俊子
新輝子

（順序不同）

▲提供：大阪民主医療機関連合会

「医療は万民のもの」を掲げ
志なかばで斃れた医師　中島辰猪

藤田廣登　著

はじめに　草莽の医師・中島辰猪ここに眠る
——生誕１２０年に寄せて

東京・葛飾区青戸の慈恵医大病院近くの法問寺境内墓地に「中島先生之墓」という御影石にくっきりと刻まれた墓石があり、訪れる人によって花が添えられ、毎年二月一二日の命日には欠かさず多くの人々が墓参に訪れている。

その墓碑銘には、

「二十九歳の若さで
輝かしい人生を終えた
中島辰猪先生を偲んで
ここに碑を建てる
……
いま先生はこの地に眠る
先生の思想は
今も脈々として守り継がれてゆく……」

▲中島辰猪眠る法問寺記念標石（浄土宗・東京都葛飾区青戸6丁目 16-20）

と刻まれている。

ここに刻まれている「中島先生」とは、戦前、日本が本格的な一五年侵略戦争に入っていった時代、治安維持法と特高警察による弾圧が猛威をふるっていた昭和の初年代に、東京東部の葛飾区をはじめとする地域から埼玉県の一部まで、さらには千葉県成田印旛地域などを中心に農民や勤労市民、無産者のための医療活動に献身して二七歳の若さで波乱の生涯を閉じた中島辰猪医師のことである。

愛媛県北宇和郡立間村生まれ（本籍は大分県宇佐市）出身のこの青年が、なぜ今日もこの地で「赤ひげ先生」と慕われ、「東の中島・西の加藤」（第6章）と呼ばれて尊敬を集めているのか、なぜ郷里でないこの地に「分骨」を埋葬した墓所があるのか、その生涯と足跡が今日に語りつがれ、尊敬を受けているのか。それは一言で言えば、戦前の治安維持法弾圧下の困難な時代、「自分は金もうけのために大学に行くのではない。病院へ行けないような人を助けるためだ」とつねづね母タカに語っていた誓いを「医療は万民のもの」との旗印にまで高め、その道がどんなに険しくとも人々の苦難あるところ私は往く……。そのこころざし半ばで斃れたがゆえであろう。私は彼に草莽《そうもう》の医師という言葉を贈る。

私は、中島辰猪医師の没後八〇周年にあたる二〇一二年二月一六日の「記念集会」の講演を引受けた折の講演録を『野葡萄の蔓――戦前、無産者医療に生涯をかけた青年医師　中島辰猪』とするミニパンフにまとめて公表した（以下、「旧パンフ」と略す）。しかし、このパンフの内容の多くは、諸先輩の遺してくださった「記録」や回想などに依拠したもので、自らの足を十分に駆使してのものではなかった。

近年に入り、私の執筆した『増補新版・時代の証言者――伊藤千代子の生涯』が「わが青春つきるとも――伊藤千代子の生涯」として劇映画化され、上映されることとなり全国各地を行脚する機会が生まれた。

二〇二一年三月には、一九九〇年代に東京の「全労連会館」建設事業を共に担った林正道氏（のちに大分県宇佐市、真宗大谷派・安養寺住職）の援助で辰猪の本籍地近くにある「中島家菩提寺」である慈眼寺を訪ね、大東信男住職の案内で墓参（中島家合同墓所）と説明を受けることができた。

そして今年（二四年）七月八日、その後の調査・研究の報告も兼ねて再度、ご住職との懇談と本籍地の調査をおこなった。

二三年四月には愛媛県南予地域上映会にまで足をのばし、この地に生きる山下敏氏（中島辰猪実弟）の遺族・親族と会い、辰猪の母タカさんが保存してこられた一〇〇年前の「辰猪の遺品と資料」をつぶさに目にする機会を得た。

中島辰猪の母タカさんと実弟の山下敏《さとし》氏は一九三二（昭和七）年二月、東京葛飾での辰猪の告別・追悼会に参列、地元の要望に応えて辰猪の「分骨」を提供し、「当地で――愛媛県で――無産者医療同盟の支部（無産者診療所）設立の折にはご下命があれば奔走します」とした「約束」を忘れずに、敏氏の長女・伊東阿柚子《あゆこ》さんに「遺品・資料等」を託された。その「ご下命」は届かなかったが、営々と護り続けた中島辰猪の「遺品・資料」等を戦前の無産者医療の源流を今日に活かす運動を担う人々に届ける形で「約束」を果たされた。

中島辰猪は、治安維持法下の無産者医療運動黎明期の源流に加わった青年医師で、民主的医療分野で日本の最初の犠牲者である。今から一〇〇年も前に想像を絶する困難に立ち向かい、その志を貫きつつあるなかで早世した中島辰猪には、自らの言葉で、文章でその生き様と行動を書き残す時間が与えられなかった。
しかし、無数の盟友が彼を援け、苦楽をともにした。その記録や回想にそいながら、今回新たに「発見」された中島辰猪の貴重な「遺品と資料」を活かすことにより、これまで厚いベールに包まれていた中島辰猪の短くも、ほとばしるような「嵐のなかの青春」と、より精確な人間像を世に問うこととする。

中島辰猪生誕一二〇年を記念して　　二〇二四年夏

《目　次》

序章　野葡萄の蔓を引きたり——辰猪の「ふるさと」

◆辰猪の「ふるさと」

中島辰猪は、一九〇四（明治三七）年六月二三日、母山下タカ、父中島百蔵《ももぞう》（大分県宇佐郡八幡《やはた》村下乙女）の長男として愛媛県北宇和郡立間村で生まれた。

辰猪は、のちに第五高等学校（現熊本大学）在学中に校友会誌『龍南』に「夏から秋へ——故郷雑詠」一一首を残している。その短歌に郷里の特徴が詠みこまれている。そのなかに

水乏しき川邊に立ちて野葡萄の蔓を引きたり故里に来て
祖母と飯はみをれば裏山にかなかな鳴けり晝《ひる》の静けさ

旧「パンフ」を執筆した時に、友人に依頼して、これまで出生地とされてきた大分県宇佐市下乙女を視察してもらったおり、辰猪が詠みこんだ故郷の情景とはまるで合致しない、「日豊本線に近く、広大な平原の農村がどこまでも続く、もちろん裏山など見当たらない」という情報に接し、彼の胸中にある「ふるさと」は、別の場所にあるのではないかと考察した。

二〇二一年三月一四日、私も宇佐市を訪れた機会に現地に立ち、中島家一族の菩提寺・慈眼寺を訪ねて大東信男住職（辰猪の頃は父の大東文司住職）と懇談し、この地は辰猪の詠み込んだ「ふるさと」ではないと確信した。

そして二三年四月下旬、母方の山下家を継いだ辰猪実弟の山下敏氏の長女・伊東阿柚子さん、その長女・古川由理さんの案内で愛媛県宇和島市吉田

▲中島辰猪、弟・敏（右）

▲母・タカ

◆この章に登場する中島家・山下家家系（**太字**は本文に氏名が登場）

中島シン（エキ）
茂十郎
- 長女　**マツ**
- 長男　**伊之助**　――　二男　**學自**
  - （他に一男・五女）
- 二男　**百藏**
  - 妻　山下**タカ**
    - 長男・**辰猪**
    - 二男・**敏**
      - （山下家と養子縁組）
      - **阿柚子**
        - 宏海・**由理**
      - 有谷
- 二女　マサ
- 三男　**今朝吾**
  - 妻　**てるよ**　死去　――　長女・不二子
    - 長男・**知行**
  - 妻　悦子　再婚　――　（六男・二女）

（＊）文中 遺 は母タカさんが遺した辰猪遺品・資料

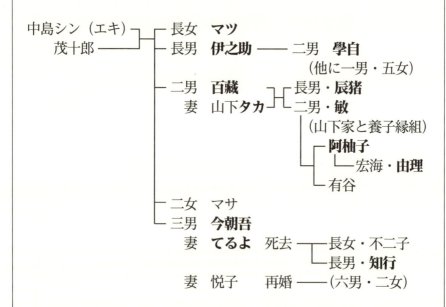

町立間（旧北宇和郡立間村）を訪ねた。そこに展開していた四国唯一の臨済宗名刹《めいさつ》の大乗寺（吉田藩主菩提寺）とその霊園（辰猪の母タカさん、実弟の敏墓所）、背景の遠見山など、農山村のたたずまいの中に、一〇〇年前に辰猪が詠んだ「ふるさと」の情景をまざまざと実感することができた。辰猪の故郷は愛媛県宇和島在の旧立間村に存在していたのである。

◆辰猪の出自をめぐって

中島辰猪は、本籍の大分県宇佐郡八幡村下乙女で出生したのではなく、母の実家、愛媛県北宇和郡立間村で出生し、母親の在所で育てられ、立間尋常小学校に入学した。この時、辰猪はタカの子として山下姓を名乗っている。辰猪八歳の時、一九一二（大正元）年一〇月二八日・父百藏の死去直前の認知により初めて中島姓に改姓される。辰猪は、この立間尋常小学校の六年生卒業直前の一七（大正六）年二月末日まで在学している（宇和島市立立間小学校長からの遺族への「回答書」による）。

そして小学六年生の三月一日、大分県宇佐郡八幡尋常小学校六年生に編入され、わずか一か月弱の在校期間となった。これは中島本家の家系を守るために取られた措置と思われ、そこから後継ぎとして上級学校へと進学の機会が生まれてくることになる。

辰猪についての大きな環境変化は、その拠って来たる原因は、母山下タカさんの婚姻認知・中島家入籍がなされておらず、百藏の死去直前の一九一二年一二月二日になって初めて実現した。百藏は七日後の一二月九日死去。享年三八歳であった。

この時系列をみると、辰猪も弟の敏も愛媛県立間村で出生したが、父百藏の認知が得られなかったため、母タカの私生児として届け出されていた。そして百藏死去直前の一二年一〇月二八日、百藏認知届けが受理され、ついで、一二月二日、母タカも百藏との婚姻が成立した。これにより辰猪は八歳で中島家嫡出子たる身分を取得し、一二月九日、父百藏の死亡にともない中島家の家督相続人となった。

弟の敏は、同じく一九〇七（明治四〇）年一二月五日、立間村で出生。届出は、母山下タカとなっている。辰猪同様に出生時認知されなかったためである。タカさんは、次男の将来を考え、実家の山下家（タカの両親）との養子縁組を進め、山下家の再興を敏に託していくこととなった。

愛媛県宇和島在の山下タカさんがどういう経緯で、大分県宇佐の軍人の中島百藏と結婚したかは定かではない。また入籍もされずにいた経緯も不明である。さらには中島百藏と山下タカさんとの婚姻届出、辰猪の嫡出子の認知などが、なぜ百藏の死直前に行われたのか。タカさん自身は口を閉ざして語っていない。

しかし、辰猪も敏も出生時に認知されないという困難のなかで、母タカさんは、二人に山下姓を名乗らせたことにみるように、自らの手で二人を立派に育てる堅い決意を持っていたとみることができよう。

一九一二（大正元）年一二月二日になってようやく婚姻成立、七日後に百藏死去にともない婚姻解消。戸籍上わずか一週間の婚姻期間というものであった。戦前のなかば封建制の社会、女性の人権と権利が存在しない時代の理不尽な出来事であったといえよう。

ここにその後の辰猪をめぐる複雑な問題を解くカギがある。中島本家は長女マツ（本人は、生前マツヱを名のり、慈眼寺の墓標もマツヱとなっている）が護っていた。長男伊之助（獣医で大分市に転出）、二男百藏（陸軍憲兵、台湾在籍が長い）、三男今朝吾（職業軍人・陸軍中将、のち分家）の構成である。中島家は、代々この地の地主として大きな力をもち、農業とともに医師の家系であり、その一族のみで菩提寺・慈眼寺をもつほどの「名家」であった。

百藏に死期の迫った時、親族会議が開かれたであろうと推察する。八幡村の名家・中島家にあって、百藏の「不作為」により、実子がいるのに家督相続人が不存在という危機を乗り越える策として、利発で意志の強い辰猪をまず認知させる、そのあとタカさんとの婚姻も認知して長男辰猪に中島姓（本家）を継承させる方向が確認され、実行に移されたのではないか。

先に示したようにタカさんの婚姻期間がわずか七日間という不自然さはぬぐえない。タカさんはその理不尽にじっと耐えて、辰猪と敏の成長を見守ったであろう。そしてそのきずなは決して断たれることはなかった。後にみるように、辰猪の無産者医療活動を援け、その非業の死に立ち合い、その「分骨」を東京に残し、戦後もかくしゃくとして生きた。一〇〇年を経た今日に辰猪の遺品・資料を護り抜いて残してくださった。そこに母タカと辰猪の強いきずながみられる。

◆伊予のおばさん

また辰猪亡き後、伊之助や今朝吾の子息たちが、辰猪への深い尊敬の念を持ち続けて接したこと。戦後にわたる宇和島在のタカさんはじめ敏氏とその子阿柚子さんの時代にまでいたる心温まる手紙の交換が続いたことは稀有である。気丈に前向きに生き続けたタカさんの存在あればこそであろう。

辰猪の従弟に当たる中島知行《ちこう》氏（百藏の弟、今朝吾の長男）が阿柚子さんに寄せたタカさんの印象は「吾々は伊予のおばさんと呼んで居りましたが、大変物静かな方で良く可愛がってもらったのを覚えています」とあり、タカさんとの交友のなかでの尊敬がにじみ出る内容となっている。また、阿柚子さんの手許に残る書簡類には、辰猪の従弟らのものだけでなく、その配偶者や子どもからのものもある、という。こう見てくると、辰猪亡き後にも、中島家一族と伊予の山下家との心温まる交流が長期間続いたことを物語っている。その手紙からはタカさんと辰猪への深いリスペクトがうかがえる。

タカさんは、辰猪を看取り、次男敏との近距離に位置して暮らし、一九五九（昭和三四）年八月一九日死去。享年八〇歳の生涯を終えた。

◆父、百蔵の死と中島家

タカさんの配偶者、辰猪の父親百蔵は、一八七四（明治七）年七月二一日生まれ。旧制宇佐中学校卒業後、職業軍人の道を歩み、一九〇一（明治三四）年四月二日から〇三年七月一四日迄、台湾で「陸軍憲兵上等兵」職。〇三年から〇四年九月二八日迄は神戸に在勤。この間に辰猪が誕生している。〇七年から一二年八月九日までは再び台湾勤務。その間に次男敏が誕生している。そして帰国した一二月に死去している。三八歳という若過ぎる死であった。辰猪にとって父と暮らしたという実感はなかったであろう。

ここで少しく中島家に立ち入っておこう。

「慈眼寺に保存されている中島家の系図によると、祖先

▲慈眼寺・中島家の墓
（大分県宇佐市　左・大東信男住職、右・山下一行氏）

は、代々、この地方を治める役人であったらしく、延暦元年六月に正五位に叙せられている。菩提寺の慈眼寺は、文明五年（いまから五百年前・執筆当時）に建立された由緒ある寺院で境内の墓地は中島家一統によって占められていた。

現在の新しい伽藍に建て替えられるまでの旧寺院は、中島一族のみの寄進によって建立されたもので……。

したがって、下乙女（現宇佐市）には、今日でも中島姓を名乗る家が四十二、三戸もあり、全軒が何等かの血縁でつながっているとの由だから、同家はかなり以前から、この地の有力な一族であった。……今朝吾の長兄伊之助も獣医を業としのち大分市へ出て、中島町の草分けになったという人物だったというから、今朝吾の幼少時代、生家は地主と医系を業とする素封家《そほうか》であった」（木村久邇典著『個性派将軍中島今朝吾：反骨に生きた帝国陸軍の異端児』11ページ。以下[今]と記す）。

◆辰猪の叔父・今朝吾

百藏の弟の三男今朝吾は、兄二人がそろって旧制宇佐中学校に進学したのに対して陸軍幼年学校にすすみ、のち、陸軍中将にまで上り詰める。陸軍大尉としてフランス派遣時代など海外生活から身につけた「ハイカラ」さや軍事研究もし、「この分では日本はきっと負ける」（一九四二・昭和一七年四月、郷里・宇佐八幡小学校生徒を前にしての講話。内務部長、特高課長も同席[今]267）と公言したり、中国戦線に参戦して「この戦争は長期化、勝てない」という独自の分析に基づく、軍や政治家上層部への「和平工作の具申」など、戦前の日本国軍のなかにあっては「信念を持った」異色な生き方、人生を送った、といわれる。

彼は、アジア太平洋戦争の敗戦直後の一九四五（昭和二〇）年八月末、長野県松代大本営に遷座してくる天皇護持のため（と言われている）、長野県御代田町（軽井沢町の隣町）の知人宅に転居した。同年一〇月二八日、医師が「臨終です」と告げたのと占領軍MPが病室のドアをノックしたのと同時だったと伝えられる。南京攻略と大虐殺に関与したことから戦争犯罪人と目されてリストアップされていた。「死刑は免れなかったでしょう」と知行氏（前出）は述懐し、「オヤジの病気は化学兵器の研究・教育機関に勤めていて、しばしば毒ガスを吸ったのが原因だったということです」と回想する[今]267。今朝吾の最後の任務は、舞鶴要塞司令官から新設の「陸軍習志野学校初代校長」で、赴任は小林多喜二が虐殺された年の一九三三（昭和八）年八月であった。

その陸軍習志野学校は「化学戦についての調査研究、教育を目的に昭和八年八月に現在の千葉県習志野市に創立。昭和二十年八月に閉鎖されるまでの十二年間、延べ一万人近くが、通常、三ヵ月から半年間程度の化学戦の訓練を受け、多くがガス係将校、ガス係下士官として、またガス弾射撃のできる迫撃砲の要員として、前線に送られた。訓練はガス室で実際にガスを使った防護演習、実戦での化学兵器や迫撃砲の使用法から理論学習、気象の観測まで多岐にわたった」（朝日新聞・昭和五九年六月一四日付）と記されていて、今朝吾が毒ガスの実戦使用訓練に参加していたことは間違いない。

（この部分の記述に当たっては、木村久邇典著の『個性派将軍中島今朝吾：反骨に生きた帝国陸軍の異端児』（光人社一九八七年一二月刊）を参考にした。同書は、中島今朝吾の生涯を縦軸に、日本国陸軍の構図と一五年戦争を横軸にして描かれる。著者は戦前の日本軍隊と軍事機構、軍事技術の分析とその筆致に優れてはいるが、戦前の天皇絶対の専制支配と野蛮な侵略戦争の全体の性格についての言及を避けている。そのために中島今朝吾の生涯と生き様を浮きぼりにすることに成功して

いながら、彼は、中島の「南京攻略と大虐殺」の責任にはふれなかった）

〈なお、毒ガスの研究・実戦使用とは別に、中国東北部での石井四郎中将率いる「731部隊」（別称・関東軍防疫給水部）による「細菌戦研究と人体実験・実戦使用」が進行していくことになる。彼らは、戦後、研究資料等を米占領軍に引き渡す代わりに戦犯免責を受けたことも指摘しておきたい〉

私は、同書の成り立ちを可能とした今朝吾の長男、知行氏が資料提供と著述援助をした行為と思考を大事にしたい。氏は、父が生存していれば「A級戦犯として死刑」になったと考え、戦争への自分の思い、これからの日本の針路について役立つならと考えてのことであろう。「自らも試し切り」、「何千人もの捕虜の処理」など南京攻略と大虐殺を克明に書きとめた「陣中日記」の社会的公開などは、そのように考えてみると納得がいく。

本書からは、子煩悩ぶり、義理人情に篤い今朝吾像が浮かび上がる。「父のことをキレ者だとか、権謀術数家だなどと批判するムキもあるようですが、私は、いわゆる秀才型ではなく、本質的には努力型の人間だったと思っております。……円満、優等生タイプよりも、どちらかといえば野人型の、ちょっと欠点はあるけれども正直な人柄に好感を」持たれていたようだと述懐する。今 73

私には、「個性派将軍」というイメージの先に、職業軍人によくみられる栄達欲や没人間性の軍人にない「義侠心」のようなものを感じる。それがこれから見ていく中島辰猪の生きざま、おおざっぱな表現だが「医は仁術的考えを持った人道主義者」（後出、藤原豊次郎）という生き方にも影響を及ぼしていたのではないかと思える。

◆叔父今朝吾と辰猪

この木村久爾典氏著作の中に、今朝吾が辰猪の「行く末」について腐心していることが二か所にわたって記されている。

①「家人との往復書簡によって、甥の辰猪の上級学校進学に要する費用の心づかい」（今58）は、今朝吾がフランス陸軍研究留学時代のもので、この時代は一九一八（大正七）年八月から一九二三（大正一二）年五月までであるから、辰猪の第五高等学校進学時の心配事であった。この時が伯母マツ（ヱ）から今朝吾に身元保証人が変更された時期でもある。つまり、辰猪の学費等についての責任を、叔父、今朝吾が取ることになったのである。

②次の辰猪の動向は「今朝吾の次兄百藏の息子である辰猪も千葉医大に入学し、今朝吾はさほど裕福でもない俸給のなかから学費を負担してやったという。独立後の辰猪は、進んで貧困市民の診療に当たる義侠の医師に成長した」（今79）と。

この時今朝吾は、陸軍砲兵中佐として千葉県四街道に赴任し、一九二七（昭和二）年、第七師団（旭川）に転任しているので、辰猪の一九二六年の千葉医科大学入学の時のことである。

このように次々と変わる任務と任務地の中にあって、今朝吾が絶えず辰猪の「身元保証人」の役割を果たしていたことがうかがえる。こうして辰猪が「進んで貧困市民の診療に当たる義侠の医師に成長」したと知行氏は、尊敬こめて語るのである。「義侠の医師」とは何を指すのか、そのことについては後段の無産者医療運動でさらに詳しく見て行こう。

長男伊之助と三男今朝吾は仲悪《あ》しく、今朝吾は百藏を頼みにしていたようであるが、あまりにも早い他界で残念だったと後年もらしていたと聞く。その今朝吾が、大分県宇佐を離れた辰猪の学費に責任を担うこととなったのは以上に見た。

今朝吾は、辰猪が中島本家の再興のために、職業軍人にならないようむしろ医家の家系継承を辰猪に託して一本立ちを望んでいたのではないか。辰猪が文学の途を選ばず医学をこころざしたのにも今朝吾の強い願望を感じる。

同時に、これから見ていくように、辰猪が進学した第五高等学校理科甲類の学生には、すでに千葉医科大学（現在の千葉大医学部）進学のルートが開かれていた。辰猪がこのルートを選んだのは、「中島本家の再興」の「くびき」から自らを解放し、自らの意志で人生進路を切り拓いていく途を選択したことを意味していた。

第1章　文学青年、宇佐中学校へ

1917年4月　宇佐中学校入学	大正デモクラシー・コメよこせ運動・ロシア社会主義革命勃発
1922年2月　学友会雑誌に童話「ある王子の噺」「新詩　晩秋の里巷」掲載	東京で普通選挙要求の数万人デモ 日本共産党創立
1922年3月　宇佐中学校卒業	全国に学生社会科学研究会発展

▲宇佐中学4年生

◆宇佐中学へ進学

これまで見たように辰猪は、小学校卒業直前に愛媛県立間村を離れ、一九一七（大正六）年三月一日、豊後水道を渡って（と思われる）大分県の宇佐郡八幡村・八幡尋常小学校に転校する。同三月二六日卒業。この時の宇佐現地での辰猪の身元保証人は「中島マツヱ」である（宇佐市教育委員会からの遺族への「回答」)。家系図によれば、中島家長女にマツがおり、彼女がこの時、父亡きあとの辰猪の身元保証人となったのである。戸籍によると、マツは結婚歴がなく、他家に嫁しておらず、広大な中島家の敷地と家を護って暮らしていた(この地は、すでに他人に渡り現在は熊埜御堂――蔵元の所有となっている。住人の話で、以前、「偉い軍人さんが住んでいた」との事、中島今朝吾――前出の陸軍中将のことである)。

では、立間村を離れた小学六年生の辰猪の身の回りの日常生活の面倒を誰が見ていたか。考えられるのは、母タカさんが大分まで同行して、若干の時期まで辰猪の面倒を見ていたかもしれない。そう推論するのは、前出の辰猪の従兄弟たちが、宇和島在まで訪ねた形跡がないにも関わらず、母タカさんを「伊予のおばさん」(前出)と親しく呼んでいたことは、大分での交流なしには考えられないからである。

また辰猪の移動方法について考察するに、彼が伊予・立間村から大分へ転出した年の前年、一九一六(大正五)年には、別府を起点に大分、佐賀関を経由して三崎、川之石、八幡浜、三瓶、吉田、宇和島を結ぶ別府⇔宇和島航路が開けていて伊予・立間村と大分間が至便となっていたことは幸いであった。

◆ゲイリー・クーパーのよう――回想の辰猪

中島家では、これまで長男の伊之助も、辰猪の父百藏もともに旧制宇佐中学校に学んでいる。そして辰猪もこのコースから第五高等学校をめざした。

中学での生活の詳細は不明であるが、筆者の知人・都留忠久氏(宇佐市高森出身・治安維持法国賠同盟大分県本部会長を歴任・故人)によれば、当時、宇佐中学校で一番は辰猪、二番が都留勝利(忠久氏兄。一九〇四年生まれ。宇佐中学卒業後、第七高等学校――現鹿児島大学卒――京大法学部卒、のち東京ガス社長などを歴任）といわれ、二人はよきライバル同士として競いあい、援けあっていたと回想している。辰猪が持ち前の力で新しい目標に挑戦していく姿がみられる。

当時、大分県北部には宇佐と中津にしか県立中学校がなかったため、宇佐中学には宇佐郡はもとより玖珠郡、国東《くにさき》半島から多くの学生が集中していた。そのために、二棟の寄宿舎を保有していた。学校は、宇佐神宮と豊前街道を挟んで相対する「老上ケ丘」の高台にあり、学生たちは急坂を上って登校した。校歌は「軍の神のかしこくも／しづまりよせる里しめて／宇佐中学の健児らが／学びに競ふ意気を見よ」と歌いだし、軍神・宇佐神宮のおひざ元の雰囲気を謳う。辰猪の同級生、都留勝利氏（都留重人と義兄。宇佐市高森町）はこんな雰囲気になじめなかったという。

辰猪の八幡村から宇佐中学までは約七キロ近くあり、徒歩通学か、日豊線を利用して宇佐駅経由宇佐参宮線（軽便鉄道）経由通学か、あるいは学校寮での生活だったのか確められていない。都留忠久氏は友人（中島文朔氏――辰猪の一級下）から「辰猪は相当苦学していた」と聞いており（一九九九年調査時）、学費を切り詰めなければならない辰猪の厳しい学校生活が読みとれる。

さて、辰猪の従弟の學自《がくじ》氏（辰猪の伯父伊之助の二男。伊之助は大分市に在住し獣医業を営んでいた。學自は後に大阪外国語学校露語学部卒。ロシア文学翻訳者。訳書に『若き親衛隊』など多数あり。戦前、戦後を通じて辰猪の生き方に共感を示し、もっとも良き理解者であった。戦後、日ソ貿易や現地通訳などに従事。一九九三年没。八八歳）は戦後になって、当時の辰猪について、「小学生の頃、大分市の電車通りを背の高い（6尺2寸はあったでしょう。ゲイリー・クーパーみたいな美男子で気の良い方でした）辰猪さんと歩いたことを今でもおぼえております。おとなしい、立派な方でした。」と敏の娘、阿柚子さんに手紙を寄せている。これをみても辰猪が親戚中から頼もしくリスペクトされていたことがうかがえる。

長身の辰猪は親戚の従兄弟たちの憧れの的であったのである。六尺二寸は、メートル換算で一八八センチとなり、これから見ていくように、医師生活の中で友人たちが巨漢、大靴履きなどとはやしていることと符合が合う。

中島家の従兄弟たちは、辰猪は「文学をめざしていた」と異口同音に口をそろえる。

今年、辰猪の姪孫に当たる古川由理さん（辰猪実弟敏の娘の阿柚子さんの長女）の尽力により、旧制宇佐中学校時代の同窓会物故者リストの提示、「中島辰猪　八幡」とともに「学友會雑誌」第弐拾六號（大正十一年二月十五日発行）のコピーが届けられた。

その目次「文苑」欄には、中島辰猪の「童話　ある王子の噺《はなし》」。筆名は中島そてつ。（当時、宇佐八幡小学校の校庭に中島家の先祖が寄贈した巨大なソテツがあり、それをもじっているように思えて、彼のユーモリストの一面がのぞかれるようだ。この大株のそてつは今日も八幡小学校校庭に生きている）

また、「詩歌」欄には「新詩　晩秋の里巷」がある。それを掲出しておこう。これらに示されるように辰猪の創作水準は、きわめて高いものということができよう。

㊟童話は、一部新かな遣いに替えた。旧漢字は出来るだけ活かしたが拾えないものは、読みに近い字体とした。

冒頭の「老上《ろうじょう》ケ丘《おか》」は、旧制宇佐中学校の校地地名で、豊前街道の谷地をはさんで宇佐神宮の森と対している。王子は辰猪自身を模しているのであろう。勉学をサボっていた辰猪が、何らかのきっかけで奮発し、校内で一、二を争う学力をめざす姿が見られる。それを「妹」からの「手紙」を解読するためと模していく。彼に妹は実在しないが、彼はほかの作品にも「妹」を登場させている。このこだわりをみると、あるいは想い人がいたかもしれない。想像はこれくらいにして先に進もう。

新詩　晩秋の里巷

中島辰猪　自作

人は皆野にあり
黄金の波に
秋の収穫の忙しさ。
鉛色の
雲間洩るゝ日に
苦笑す大楠の梢。
閉ざされし
家の縁に
孤り鶏のねむり。
色あせし鶏頭に
動かぬバッタの色
晩秋の吐息をはく。
沈滞する
里の空気に
野は忙しき人の群。

童話　ある王子の噺

中島そてつ　作

昔々、老上ケ丘と云う緑の林で囲まれた丘の上に、白壁美しいお城が建っていました。

此のお城の王様に、一人の大變利巧な、體格の丈夫な王子があり《ママ》ました。王様は王子の行末を楽しみに毎日暮らして居ましたが、この王子は生来活発で大變男々しい武張った事が好きで、兎角粗暴だ礼儀正しくないと、非難される様に挙動《ふるま》っていました。

王様は大變此の事を気に掛けられて、色々と訓戒されたが、王子は又極く質朴で、純な質でしたから自分の為ることは、それ程悪いとも思はず、又中には正しい事だからあゝしたのだ、それを非難するのは非難する人が間違っているのだと云うように考えて、どうしても聞き入れませんでした。

その中王子の缺点は不知不識の中に、悪い方に発達して来ました。間もなく王子も学問をなされるようになりました。そして、其のお城の在る村は田舎なので、遠い国からわざわざ先生をお招きして、可愛い王子の師匠と致しました。

然し王子の悪い癖は又、此処にも現れました。やれ今度の先生は上調子でいけないとか、今度の先生は、余り厳格で親しみがないとか、色々難癖をつけて王様に不平を言いました。

其の度毎に王様は「どんなに先生に缺点があろうとも、先生は先生だ。お前よりは偉いのだから、よく尊敬して勉強しなくてはならぬ」と諄々と言い聞かせました。けれども王子はもっと立派な先生が、欲しいと愚痴をこぼしました。王様は我が子に目が見ぬのではなかったが、王子が言うが儘に先生を、換えては迎え、迎えては換えている中、とうとうこの不便な田舎、この我儘な粗野の王子に手を取って、親切に教えて呉れる先生がなくなりました。

王子はこれを幸い学問の事などそっちのけに、狩猟に許り夢中になって、山野を駆け廻って、鹿猿許りを追いかけていました。

其の中嘗て隣国の敵に打ち破られて、其の時行方不明になっていた妹から、なつかしい消息がありました。けれども王様も余り学問に深くありませんでしたので、其の国の字が読めませんでした。勿論村中読める者は一人もありませんでした。王子も猟することは上手になったものゝ、学問の方は薩張り駄目でした。

可愛い妹がルビーの頬に、涙を流して遠く父母や兄を慕って、訪れを待ちわびている妹の顔が、目のあたり浮かんできて、矢も盾も堪りませんでした。けれども何処にいるのか、其の住所さえ讀めませんでした。王子は今更我儘いや粗野で禮儀に習わなかったのが原因であったことを思い浮かべて、それかもは《ママ》礼儀正しく師を敬い、専心に勉強をして、賢明仁悲な王様になり、村人いや遠国の人々からも尊敬されるようになりましたとさ。メデタシ〳〵

この詩作の傾向から見て、次に掲出する、詩歌もあるいはこの時期か五高時代に創られたものと思われる。この二作は、「医療同盟ニュース」七号「中島辰猪追悼号」の記事中に挿入されているもので、これまで、気付かずにいた。ここにも「妹」が登場する。併せて紹介しておきたい。

《故里にて》
向ふ山の頂近く夜となれば西瓜守る灯の赤き色かな
夕焼の沖一面に赤くはえて入陽にくるゝ故里の海

《童謡（国民新聞社入選）》
てん〳〵おてまりつきませうか
赤い千代紙折りませうか
春の日ながのお縁側ホロ〳〵桜の花が散る
スヤ〳〵妹寝てゐます

しかし辰猪は「文学をめざす」コースには乗らなかった。なにより乏しい学費で学校生活を安定すべき辰猪にとって、その未知なるコースは冒険であった。

中島辰猪が宇佐中学校に入学した一九一七年、ロシア社会主義革命が起こる。この事件は日本のインテリゲンチャや青年学生、労働者・農民・勤労市民に大きな影響を及ぼしたし、翌一八年のコメ騒動の全国的波及もその影響の現れである。とりわけ、こうした運動の広がりのなかで一九二二年七月、日本における民主主義・社会主義変革をめざす日本共産党が創立されたのである。前出の都留勝利氏はこの動きに敏感に反応し、小作争議支援に関わり、東大を中退となり京大に再入学した。都留重人氏は、治安維持法違反で検挙され、名古屋の旧制八高を除籍となり、その後渡米、最終的にはハーバード大学で学んだ。辰猪も都留兄弟らの影響を受けていたと思われるが、こうした思潮にどう向き合っていたかはわからない。

この年の四月に中島辰猪は第五高等学校（今日の熊本大学）に入学する。ついで、一九二三年、関東大震災の発生とそのなかでの朝鮮人虐殺や社会主義者虐殺事件（川合義虎など階級的労働運動家一〇人虐殺の「亀戸事件」、大杉栄・伊藤野枝ら虐殺事件）が起こる前後に五高に社会思想研究グループが生まれ、それはやがて二四年の五高社会思想研究会に発展、学内で軍事教練反対運動が活発化していく時期を迎える。学生と地域の先進的労働者との連携で種々の運動が展開されるようになる。多感な辰猪が学校生活のなかでこれらの影響の外側にいて、これらの運動に無関心であったとは考えにくい。卒業後苦学の道を歩みつつも医学の道を選択したことによって、やがて彼が母に対して「大学で勉強するのは、病院にも行けないような人を助けるためだ」という高い次元の思考へ接近していく千葉医大時代に引き継がれていった。

（筆者は、二〇二四年七月八日、宇佐出身の友人、宇佐市在住の安養寺・林正道師や地元の山下一行・筒井英一さんの案内で、再度、中島家の菩提寺・慈眼寺と本籍地周辺を訪問、大東信男住職と再会、その後の「辰猪の調査結果の急速な進展」と「愛媛県宇和島在に辰猪母方の遺族・親族がご存命であること」を報告した。その皆様が一〇〇年間保持してきた辰猪遺品資料等から作成した家系図をお渡しして、懇談。中島家合葬墓（辰猪の分骨が納められている）に頭を垂れた。そのあと、旧制宇佐中学校の後身、県立宇佐高校までのコースをたどり辰猪の苦労を偲んだ）

第2章　ストームの第五高等学校（熊本）へ

1922・T11・4月	第五高等学校入学・理科甲類を選択 習學寮での生活に入る	日本共産党創立 五高学内に社会思想研究会結成
1923・T12	保証人叔父の中島今朝吾に変更	
1924・T13	三学年	11月、社会思想研究会解散命令
1925・T14	校友会誌『龍南』に「夏より秋へ ——故郷雑詠」寄稿	
1926・T15・3月	卒業（千葉医科大学へ進学）	

▲旧制第五高等学校校舎

一九二三（大正一二）年四月、辰猪は第五高等学校（現、熊本大学、以下、五高とも呼称）に合格し、宇佐を離れ、熊本での習學寮《しゅうがくりょう》（寮生寄宿舎）生活が始まった。

　五高は一八八七（明治二〇）年五月、第五高等中学校として開学、九四年九月、第五高等学校に改称。戦後の一九五〇年廃校となる。辰猪の入学時には、文科と理科に大別され、履修する第一外国語により甲類（英語）・乙類（ドイツ語）に分類されていた。

　中島辰猪は「理科甲類」を専攻し2組に所属していた（熊本大学五高記念館回答）。当時の生徒数をみると、各科とも第1外国語を英語とする甲類受講者が圧倒的に多いことがわかる（下表）。また、医科をめざす学生の相当数が理科甲・乙を選んでいたので、辰猪のコース選択がこの時期から始まっていたのである。

第五高等学校の生徒数（1927＝昭和２年卒業者予定数）

文科甲類　第１外国語　英語	113人
文科乙類　第２外国語　ドイツ語	33人
理科甲類　第１外国語　英語	128人
理科乙類　第２外国語　ドイツ語	42人

（出典・『帝国大学入学試験問題集』付録・北辰書院）

この時、辰猪の身元保証人は、宇佐郡八幡村下乙女一二六一番地の一の伯母中島マツヱ名で届出ている。ところが、辰猪が二年生になった翌一九二三年一〇月、保証人変更届けが出され、叔父の中島今朝吾（前出、陸軍官舎の届出住所・千葉県印旛郡四街道村――現、四街道市）に変更される。この時期、叔父の今朝吾は陸軍大尉で「軍事研究員」としてフランスに派遣されていた時期にあたり、その滞在中に、妻てるよ夫人宛書簡で「甥の辰猪の上級学校進学に要する費用の心づかい」などを書き送っていたことは序章で触れた。

◆「夏より秋へ――故郷雑詠」

彼は、一九二五年、校友会誌『龍南』195号（大正一四年一一月二五日）に「夏より秋へ――故郷雑詠」一一首を寄稿、掲載されている。ここに詠まれた辰猪の「ふるさと」考は序章で述べた。五高三年生（留年時）の夏、辰猪は母タカさんのいる宇和島郊外の立間村に帰省したのである。その情景を一一首に詠んだ。

この「詠歌」は辰猪留年の時である。留年の理由について、五高記念館学芸員は、「当時、一教科でも及第点に達しなければ留年するのが通例であり、各クラスに数人はいた。そう珍しいことではない」と解説する。しかし、伯母マツの身元保証人取り下げと学費の支給が打ち切られるというなか、と

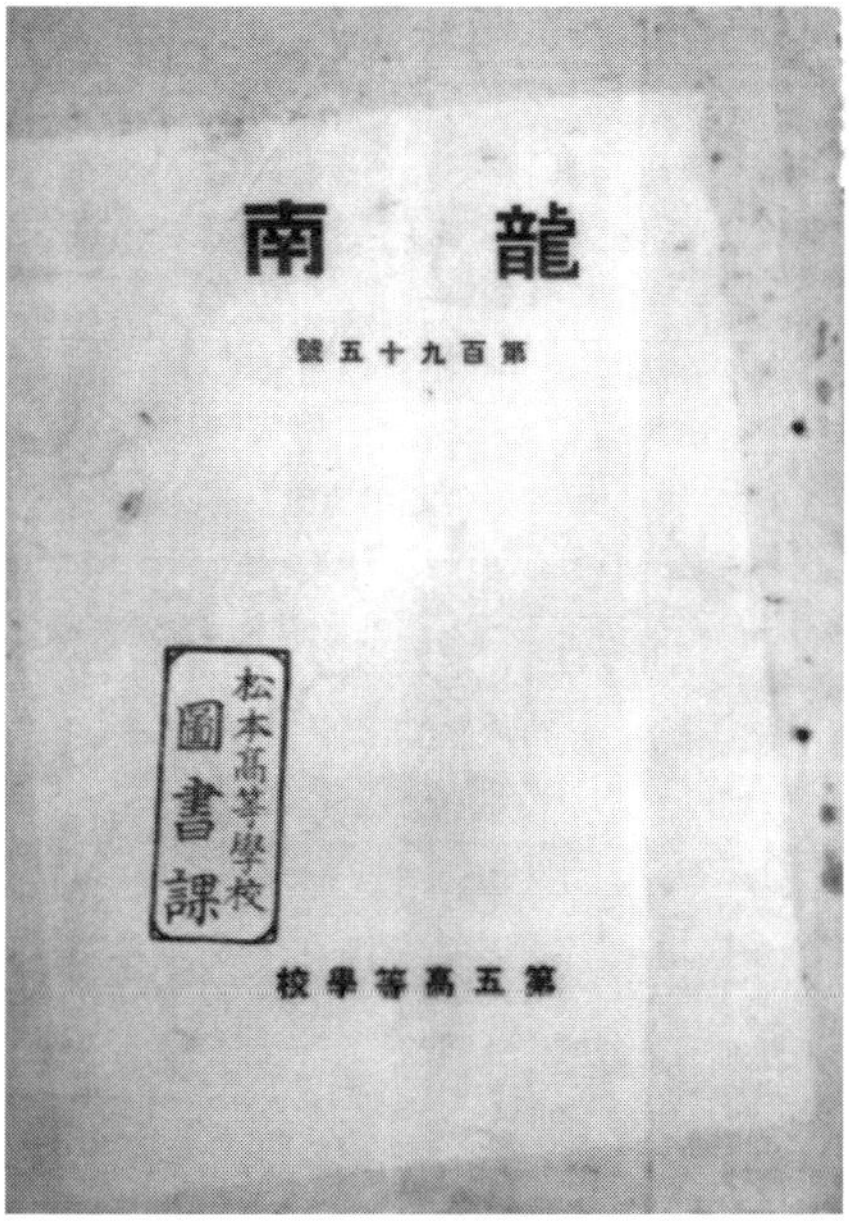

▲『龍南』表紙　長野県「松本高校記念館」蔵・提供

101

夏より秋へ

中島辰猪

□

――故郷雜詠――

いささかの雨にも濁る故里の川邊にひとり物を思ふも。

水乏しき川邊に立ちて野葡萄の蔓を引きたり故里に來て。

水乏しき川に渡せる板橋を夕かたまけてわれは渡るも。

夕されば片山かげの我家は裏に間近く梟の鳴く。

夕されば戸毎戸毎ゆ蚊をいぶす蓬の香ふ故里の村

夕されば土間の薄闇こほろぎのかそけく啼くはかなしかりけり

夕されば露を持ちたる稻の葉の葉末を低く蜻蛉むれ飛ぶ

夏ふけて秋にうつろふ故郷の山の端近く湧き出でし雲。

曉をはやく起き出で窓に倚れば黍はさやげり秋近みかも

秋近み身に冷えおぼゆ曉を眞白き胡麻の花みれあれば

□

祖母と飯はみをれば裏山にかなかな鳴けり晝の靜けさ

▲詠歌 11 首（提供・熊本大学五高記念館）

ぼしい学費の辰猪にとって厳しい日々であったと思われる。

この雑誌『龍南』には、後藤寿夫（後にペンネーム・林房雄、大分市出身・一九一九年入学。辰猪より三年先輩）の「自惚れ」が１７８号（一九二一年七月）に掲載されている。また、田代文久（福岡県出身・一九〇〇・一二・五〜一九九六・一二・二九＝戦後、日本共産党中央委員・衆議院議員）は、辰猪と同年代に在学しており、１８７号（１９２２年）、１８８号（23年）、１９１号（24年）、１９２号（24年）に連続して文学作品入選作が掲載されている。彼もまた文学青年であり、政治的思想的には未分化の時代で、進学した京都帝大で淡徳三郎らの読書会に参加し、ついで社会科学研究会で急速に思想的に前進していくこととなった。

◆五高社会思想研究会の成立と活動、解散命令

ここで、辰猪が学生時代を過ごした時期（一九二二〜二六年）の五高での大きな激動について触れておきたい。

辰猪が入学した年は、大正デモクラシーからの日本の社会変革運動の新しい思潮の到達点でもある日本共産党の創立、学生社会科学研究会の全国的結成と活動が旺盛となり、五高の習学寮を起点にした「五高社会思想研究会」が生まれ、学内での啓蒙活動と県内の労働運動との連携とが進んでいく時代に入っていた。文学青年の辰猪が、習学寮内に興ってきた激動に心を動かさなかったとは思えない。

当時の五高の状況について、五高記念館の研究資料を掲載する。

「大正デモクラシー期から昭和初期にかけて全国的に学生運動が展開した。五高でも１９２２（大

正11）年に社会思想研究会が結成され、社会思想研究団体の全国組織である「学生連合会」へ参加している。しかし、学生運動は取締まりの対象となり、1924（大正13）年12月には高等学校の社会思想団体に解散命令が出され、五高の社会思想研究会は1ヵ月早い11月に解散した。

運動は1932（昭和7）年には全国的にほぼ禁圧された。習学寮でも、『習学寮報』の出版を許可する際に、生徒課の検閲、特高への提出が条件となり、弁論大会には生徒主事（教授）が必ず1名臨席するなど、言論が監視された」（「『新体制』への第五高等学校習学寮の対応について」澤田千穂・五高記念館研究員〔算用数字は論文のままとした。以下同〕）。

この時、全国にさきがけて社研弾圧の急先鋒だったのは、五高校長の溝淵進馬であった。この間の状況を『日本学生運動の歴史』（中村新太郎著・白石書店）の叙述によってみていく。

「一九二四年一一月五日の『新聞は突如として熊本五高社会科学研究会に解散命令下る！』という見出しで、文部大臣の命令により、解散命令が出たことを報じ、『この圧迫は、当局が実施せんとする軍事教育反対の急先ぽうをくじかんとする意図のあらわれか』とのべた。

熊本五高校長溝淵進馬は、右翼的思想の持ち主で、かねてから大川周明一派の東光会に属する反動学生をあおって、学生の社会問題研究会に対抗させ、ことごとに社研を圧迫する方針に出ていた。関東大震災直後、新人会が九州遊説をおこなったとき、高校の講堂をガンとして貸さなかったのも彼である」（109〜110ページ）。

この時、文部省が五高校長に社会科学研究団体を調査し、厳格な対応を指示している資料がある。

その特徴は、たびたび校長会議を招集し、次の会議までに「対策」を講じて報告せよという指示を出して圧力している様子が読み取れる。そして、最後には、校名をあげてその「結果」を伝えている。しかし、それは表向きのことであり、実際には、その後も、弾圧に抗して運動はさまざまに持続していたのである。

また、こうした学生の自主的・自覚的運動を強圧的に「禁止・解散」させた結果、「『学生の功利主義、刹那主義、ニヒリズム、そして非文化性をかもし出し』、エネルギーはその場を失い、カフェー、酒などの『小市民的享楽』に向けられるようになっていった。習学寮は、『寮生は漸く個人主義に傾き、自己の室という殻に閉じ籠り、多数の人間――各々個性を有する人間の集合体として切磋琢磨《せっさたくま》の実をあげるという寮生活という意義の一面は空文化してしまった』（前出、澤田論考「『新体制』……」）、と嘆かれる状況となっていた。

こうした流れの中で五高学内に右翼団体・東光会が生まれた。彼らは学校側の庇護もあり、戦後まで活動を持続させている。

しかし、表面上は「解散」させられた社研はその後も様々な形で活動を持続していくのである。後掲の猪飼隆明氏の論稿にもその一端が見られる。こうして自覚的青年たちの自主的・思想的研究・行動を封じこめて、排外主義を煽りつつ侵略戦争を準備していったのである。

【発専九三号】　大正十三年九月八日　（1924年）
文部省専門学務局長粟屋謙　官印
第五高等学校長
溝渕進馬殿
先般ノ高等学校長会議ニ於テ決定セル通（り）今秋九、十月ノ交ヲ期シ高等学校長会議ヲ開催スル予定ニ有

之其ノ期日ハ確定次第通報可致モ当会議ニ於テハ思想問題ニ付篤ト御協議致度此ノ種ノ問題ニ付テハ貴校及
貴地方ノ状況ヲ調査シ思想研究団体ノ取扱其ノ他之カ対応策等ニ関シ予メ御講究置相成度此通牒ニ及フ

【五高発信文書】　大正十三年十二月二日・第三八四号

文部大臣へ申報ノ件

先般学校長会議ノ際御命令有之左ノ通本校生徒ノ組織セル社会思想研究会ハ本日ヲ以テ解散為被候ニ付御了承被成下度此段及御申候也

校長名

【発専一五六号】　大正十三年十二月十五日受付・第三四三号／大正十三年十二月十三日

文部省専門学務局長　粟屋　謙　官印

第五高等学校溝渕進馬　殿

社会思想問題研究団体解散ニ関スル件

標記ノ件ニ関シ本日迄ニ報告アリタル高等学校ハ左記ノ通ニ付為御参考通牒ニ及フ

記

第五高等学校	解散	山形高等学校	団体ナシ
第六高等学校	解散	浦和高等学校	団体ナシ
第八高等学校	解散	高知高等学校	団体ナシ
松江高等学校	解散	姫路高等学校	団体ナシ

この間の五高社研を含む人民運動の特徴について、猪飼隆明（大阪大学大学院教授）は次のよう

に述べている。

「一九二三（大正一二）年七月一五日に日本共産党が秘密裏に結成されるが、その直前の五月に、五高に後藤寿夫（のちの林房雄）や鶴和人（のち弁護士）らがFR会という社会主義研究グループを発足させた。これは翌年五高社研として新たな発展を期すのである。この五高社研は、学内では軍事教練反対運動を積極的に取り組み、外に出ては、末吉初次ら社会主義青年グループと熊本自由青年連盟を組織し、かつ労働者や文学青年、水平社の人たちとともに毎月七日の日に春竹町の楠本のぶえ宅に集まって研究会を開いたという。……熊本の社会主義運動にとって特筆すべき組織であったことが窺われる。」

……「私が重視したいのは、このように別々の事情で成立した勢力が、共同する場面が多いことである。その最初が、八代の郡築《ぐんちく》小作争議である。地主である八代郡の詐欺的な入植者募集と非人道的な地主経営にたいして、入植者＝小作人は、一九二二年に遂にたちあがった。翌年には日本農民組合（日農）の指導と援助を受け運動は激しさを増した。婦人もたちあがった。そして熊本県水平社・五高社研・新人会熊本支部などが、呼びかけに答えて、一斉に支援したのである。」

「一九二四年二月から始まった熊本市電争議も多くの支援のなかで闘われた。」

として、その支援グループのなかに五高社研をあげている。（梶原定義編著『改訂　地下水、その噴き出ずるを願って』序文から。治安維持法国賠要求同盟・熊本県本部発行）

◆辰猪の卒業

中島辰猪は、一九二六（大正一五）年三月一三日、第五高等学校を卒業した。辰猪遺品には在学中のさまざまの写真がアルバム『SHUGAKURYO』（習學寮）に残され、「卒業證」（卒業証書）

も保存されている。

この年、千葉医科大学には五高から辰猪とともに大田英明、津々見仙甫、直塚日出雄、黒木利助、平尾昇、深迫愛山、平只雪の八人が進学した。千葉医大への入学生六一人中、学校別では松本高校の八人と肩を並べてトップであった。こうして辰猪は、医師の途へと新天地をめざすこととなった。

この年、各高等学校からの国立・官立医科大学への進学者数リストを掲出する。

帝国大学・官立医大入学者数
（1926=大正15年）

東京帝大	2,363人
京都帝大	1381人
九州帝大	608人
東北帝大	392人
新潟医大	60人
岡山医大	61人
千葉医大	**61人（＊2）**
金沢医大	60人
長崎医大	63人

（＊1）大阪・名古屋帝大は当時設立されていない。予科を持つ北海道帝大は省略）
（＊2）1930年卒業年時は59人（卒業アルバム記載者数）

◆同窓先輩の大栗清實

▲大栗清實

五高時代の辰猪は、この時期、十分な学資を得られず苦学を通じて自主・自立の精神を養っていく時期を迎えていた。

五高時代の一年先輩に、戦前のわが国初の「大崎無産者診療所(※)」（東京・五反田）医師として活躍した大栗清實が在学していたことにも注目しておきたい。二人はやがて東京で無産者医療運動の黎明期に医師として、「医療は万民のもの」の理想を高く掲げ、支え合い、世界にも類例のない治安維持法弾圧下の無産者医療運動に身をていしていくことになる。

※出発時の正式名称は「無産者診療所」である。各地に無産者診療所建設が進む過程で地名を付して呼称さ

れたことから、区別するために「大崎」を付けて呼ばれる。

大栗は、一九〇一（明治三四）年一二月一日、徳島県那賀郡大野村（現阿南市）の農家に生まれ、大野尋常高等小学校、県立富岡中学校を経て一九二一（大正一〇）年に五高理科乙類に入学。五高社会科学研究会に参加、長浜寅二郎の影響でエスペラント語を習得。卒業後の一九二四年、岡山医科大学に進学、そこで社会科学研究会を組織し、エスペラント運動に参加した。

大学内で「無産者新聞」「赤旗《せっき》」の配布活動などにより、一九二八年の三・一五事件で逮捕、懲役一年・執行猶予三年の刑を受け、投獄された。そのため内定していた岡山医大眼科への入局を拒絶され、二九年上京、内科医として東京・本所区（現、墨田区）松倉の馬島僩《ゆたか》の労働者診療所時代を経て、巻末でも述べるように、一九二九年三月五日、山本宣治（※）暗殺直後の通夜の席で泉盈《えい》之進（歯科医）らとともに「山宣記念・労働者農民の病院を作れ！」というアピールを出して、広く訴えて募金を集めることになり、その文面を起草するなど、わが国の無産者医療運動で先駆的役割を果たした（本書160ページ参照）。

そして自らも一九三〇年一月、わが国初の大崎「無産者診療所」設立と同時に初代所長として活動を開始した。長男丸人《まると》氏（治安維持法犠牲者国家賠償要求同盟徳島県本部名誉会長、二〇二四年六月二五日死去、九四歳）はこの年の三月、診療所二階で生まれた（ちなみに「マルト」はエスペラント語で三月）。やがて、青砥・亀有無診への医師・看護婦派遣援助から、無産者医療同盟の本部事務所、全国の無診前進の「根拠地」としての役割を果たしていく。一九三三年八月、治安維持法違反で検挙され、激しい拷問に耐える。一〇月全職員も検挙され、診療所活動を終えた。この間、全日本無産者医療同盟委員長、新興醫師聯盟員として活躍した。

一九三五（昭和一〇）年、出獄、徳島へ帰郷。無医村だった名賀郡長生村に個人医院を開業、赤ひげ先生と慕われた。戦後一九五六年、民医連・徳島健生病院設立に尽力、さらに阿南市医師会中央病院の設立にも協力。八〇年死去。享年七八歳（治安維持法国賠同盟中央機関紙「不屈」488号・二〇一五年二月一五日号から要約）。

二〇一四年一一月三〇日、生地の健生・阿南診療所に顕彰碑が建立された（のち、徳島健生病院＝徳島市＝に転碑）。筆者は二〇一八年四月八日、阿南診療所の大栗清實碑前祭に参加して顕彰講演を行った。参列者の皆さんと同席して、多くの人々の中に今日も大栗医師への抜きがたい尊敬とその遺志が根づいていることを実感した。

◆第五高等学校での接点

五高時代の辰猪と大栗との接点は確かめられていないが、やがて在京時代ともに医師として無産者医療運動で援助しあい、先輩として絶えず中島辰猪医師への支援を惜しまなかったことが知られている。とくに、辰猪が任務についた青砥無産者診療所（以下、無診）、ついで亀有無診時代、医師欠員が生じると大栗が駆けつけて診療活動を持続し、また、辰猪の最後の任地となった千葉北部無診医師団の中にも大栗の名がみられる。

辰猪の死後、宇和島在の母タカと実弟敏との連絡や葬儀、偲ぶ会の開催など多くは彼の手を経て行われていることも付記しておきたい。

同校は戦前・戦後多くの著名人を輩出している。ウィキペディアなどのリストのなかに池田勇人、佐藤栄作、重光葵などがある。その対極に江口渙《きよし》、田代文久（前出）、岡正芳、戒能通孝、大江志乃夫など多数の民主的人士を生み出している。

大栗清實や中島辰猪などはそのリストには登場しない。しかし、無名ではあっても、その一人ひとりがわが国の社会進歩にどのように貢献したかの観点からみれば、支配者側に与した池田勇人や佐藤栄作は後景に追いやられる。やがて時代が大きく進展した時、大栗や辰猪に改めて光が当てられる時が来ることは確かなことである。

第3章　「病院に行けないような人々を助けるために」
――千葉医科大学に学ぶ

一九二六（大正一五）年三月一三日、第五高等学校を卒業した中島辰猪は、四月、千葉医科大学（五高同窓会名簿では千葉医専（＊）と記載）に入学した。保証人は叔父・中島今朝吾で、学費の多くは今朝吾が負担していた。そして千葉県に異動してきた今朝吾の自宅をしばしば訪れている（今朝吾の子息たちからの山下家への手紙による）。

（＊）これまで中島辰猪の進学先を、全日本民医連監修の『民主医療運動の先駆者たち』（以下 増岡 ○○ページ と記す）の記述にある「千葉医専」とする記述が多い。「千葉医学専門学校」（一九〇一―一九二二）は、明治三三年、第一高等中学校医学部を千葉医学専門学校と改称して発足、大正一一年三月、「文部省直轄諸学校」改正により、廃止され、同年四月、千葉医科大学（一九二三年―一九四九年）となった。地元ではそれ以後も、これまで言いならわされてきた「千葉医専」の呼称が用いられていたことから、関係資料ではこの両方が呼称されるケースがある。中島辰猪の入学当時は正確には「千葉医科大学」である。

◆「金儲けのために大学へ行くのではない」――辰猪……「それでなくては」――母タカ

千葉医大時代の辰猪については、「無産者医療同盟ニュース」七号の「故同志中島の略歴」で紹介されている。

「……宇佐中――五高――千葉医大へと学費にせめられ乍らも順々とある技術を吾がものにして進んでいた。五高在学中より詩人として肥筑（肥の国と筑紫の国の意。肥はのちに肥前・肥後。筑紫はのちに筑前・筑後の意。筆者㊟）の同輩に知られていたが、其の後千葉医大に於いては其のみるべき遺稿が沢山ある。又、彼はスポーツマンとしても（野球・ボート）知られ、千葉医大にいる頃銚子に出て、ヒゲタ（ヒゲタは醤油会社名・筆者㊟）、大利根クラブ等と戦ったこともあった。――其の時の桔梗屋のソバが馬鹿にうまかったこと――

八百通の彼は又終日読みふけるようなこともあった。其の頃（一九二七＝昭和二年・筆者㊟）の読みものは「社会主義の必然」、「唯物弁証法と自然科学」、「マルクス的方法の形成」、「藝術と社会生活」等々だった。

彼は何時も「『自分は金モーケのため大学に行くのじゃない。病院へ行けないような人を助けるためだ』と云っていたと。この言葉を耳にしていたお母さんも『それでなくては』と相槌をうつと云う風だった。斯くて彼が医大を出たのは昭和五年三月であった。……」

◆文藝部主筆

この文章のなかでまず、注目したいのは、「千葉医大に於いては其のみるべき遺稿が沢山ある」というくだりである。それを裏付けるものが彼の遺品のなかにある。

これまで、千葉医大での辰猪はボート部や野球部（軟球）に所属するがっちりした体格のスポーツマンというイメージが強かった。もちろんスポーツマンであった。がしかし、遺品のなかに「文藝部」からの弔意文が発見されたことから、文芸部員として重要な役割を果たしていたことがうかがえる。

さらには、同大学「漕艇部」弔意文には「君ハ又文筆コレヲ能シ、文藝部主筆トシテ心ノ誠ヲ致サレシ事等……」とあり、彼が「文藝部主筆」として活躍していたことが読み取れる。宇佐中学校進学時、従兄弟たちが、「辰猪兄は文学をめざすのではないか」と見ていたことを想起されたい。

文面には、単なる弔意を越えて、捧げる者たちのリスペクトが読み取れる。彼のリーダーシップが同窓生の間でも抜きがたい信頼と尊敬を集めていたことが判る。スポーツ万能の辰猪が文藝部をも主宰する極めてバランスの取れた青年であったということができる。

その「みるべき遺稿」の一つに、彼が編集にかかわった千葉医科大学学友会文藝部発行の『閑』（総ページ46頁・一九二九年六月刊）がある。『閑』は「しずか」と読ませるか。その現物はまだ発見されていないが、『卒業記念アルバム』には、その冊子類表紙写真と文芸部員の写真が残されている（写真48・49ページ）。このなかに辰猪の文章も掲載されていると思われる（これまで国会図書館、千葉大図書館はじめ関係先の探索を試みているが、まだ現物の発見に至っていない。かつて、古書店などに出品された痕跡がある。情報をお持ちの方の協力を得たい）。

『千葉大学医学部85年史』によれば、『閑』は、「雑誌部」名で「昭和二年（一九二七）より出され、年に数回発行された。最初は後尾に学友会各部や各教室の記事を添えたが、第五号より部名も文芸部と改めた。雑誌も論説、創作、詩歌等の文芸作品のみを載せるようになった。そして誌名も第九号より『大学文化』と改め、大体百頁ないし二百頁のものを年数回ずつ出して活動した。昭和十六年学友会が報国団と改組されるまで続いて、第三十四号まで出ている」

また、同史誌によれば、「『秋田雨雀来る』でひと騒ぎ」なる一項がある。劇研の学生グループが「秋田氏を招いて演劇の話を聞きたい」と申し出て、学生監が許可したことから、千葉県警察部の特高課が中止してもらいたいと押しかけて来たが、松村学生監は、大学自治をタテに断ったという逸話である。辰猪の葬送・告別の会に秋田雨雀が河上肇とともに弔意を送ってきたことが「医療同盟ニュース」七号に紹介されている。あるいは雨雀（※）を講師に招請したのが辰猪たちであった可能性があるのではないか。雨雀は、その時のことを忘れずにいて弔意を表したのでないか。

※秋田雨雀《あきたうじゃく》　青森県生まれ。一八八三―一九六二年。劇作家、詩人、児童文学者、プロレタリア文化運動・社会運動にも積極的に参加。一九二九年三月五日、山本宣治虐殺抗議の通夜の席上「労働者農民の病院を作れ」のアピール（執筆は辰猪先輩の大栗清實）の呼びかけ人の一人として名を連

▲文藝部員写真前列中央・中島辰猪

中島辰猪

▲中島辰猪編『閑』

ねている。また、日本無産者医療同盟が発した「無産者中央病院設立趣意書」の呼びかけ人の一人でもある。中島辰猪への弔意はこうしたことと結びつけて考えるとより確実性がある。

秋田雨雀・土方与志記念青年劇場は今日も社会的テーマを掲げる演劇集団である。

また遺品の卒業アルバムには、講演部や馬術部員のページにも写真があり、彼が実に多方面にわたる活躍をしていたことがわかる。

◆自己主張する辰猪

第二に、私たちは、前章までの間に、辰猪の直接的主張を明示できないで来た。しかし、ここにきてようやく「医療同盟ニュース」七号執筆者の筆致を借りながらも、初めて「自己主張する辰猪」に遭遇することができた。

「自分は金モーケのため大学に行くのじゃない。病院へ行けないような人を助けるためだ」という、彼が生前、無産者診療所の関係者に語っていた言葉がそのまま紹介されたのである。また、その考え方に同調し、励ます母タカさんの姿がある。その理想の到達点を用意したもの、そしてそれを実行に移していく辰猪を生み出した原動力は何であったか。それを次章で見よう。

第4章 「思想することは 闘争である」——辰猪の開眼

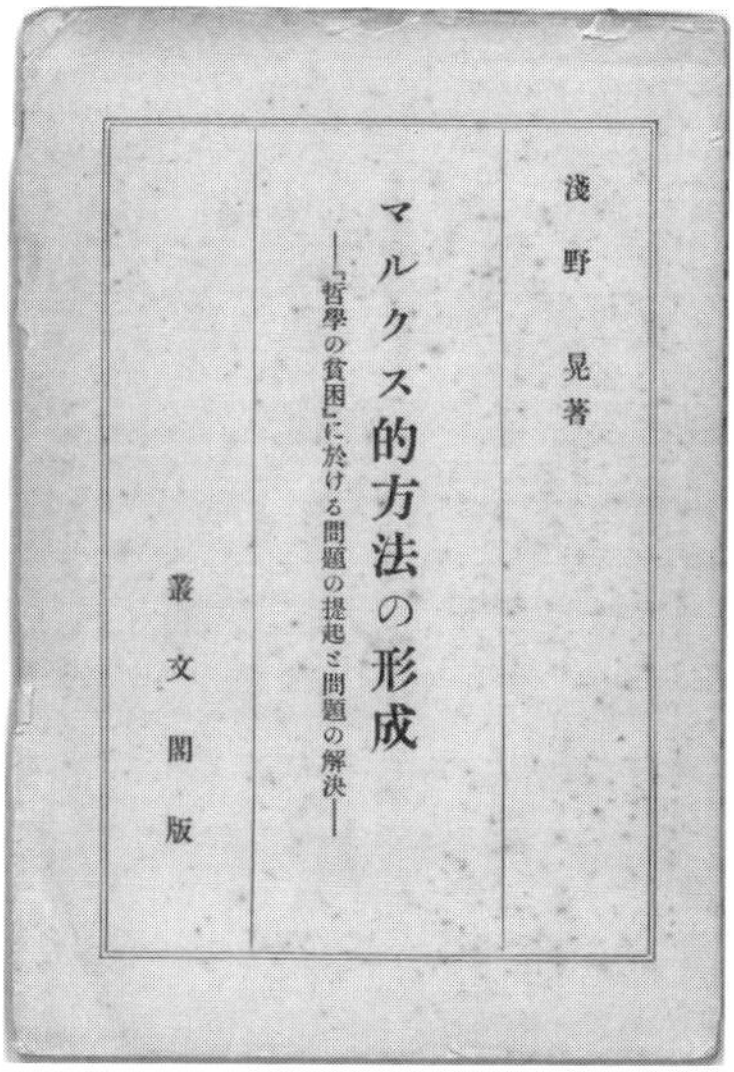

▲浅野晃著「マルクス的方法の形成」

▲蔵原惟人訳『藝術と社會生活』

◆社会科学との出会い

このころ辰猪が学習したテキストが「同盟ニュース」七号にあげられている。

その四冊、『社會主義の必然』は、エス・セムコフスキー編輯、マルクス書房編輯部譯編（マルクス書房刊・一九二七年九月刊）。『唯物弁証法と自然科学』は、デボーリン著・大山一郎訳（マルキシズム叢書・河上肇編纂・一九二七年刊）。『マルクス的方法の形成――「哲學の貧困」に於ける問題の提起と問題の解決』は、浅野晃著（叢文閣、一九二七年五月刊・「マルキシズム叢書」）。『芸術と社会生活』は、プレハーノフ著・蔵原惟人訳（同人社版・一九二七年刊）である。

ここに明示したテキストがいずれも一九二七（昭和二）年刊行のものであることから、彼が千葉医大の二年生のこの時期に、最新の社会科学書を読み、科学的社会主義（マルクス主義）に急速に接近していく様子が明確になったのである。辰猪の社会的・

思想的飛躍が千葉医科大学時代にあったのは歴然である。

注目したいのは、この時期直後に千葉医大内に京成電鉄の急進的労働者と連携する学生グループが生まれ、後（56ページ）にみるように学内社研から一歩進んだ高島満兎《まと》らの指導する共産青年同盟の活動が形成されていく時期でもある。辰猪がこのグループとどのくらいの距離にあったかは確かめられていない。が、ここに取り上げたテキストが、当時、学生社研グループでの「テキスト」として使用されていたことが考えられ、その影響を受けていたことは確かであろう。

「思想することは　闘争である」

この思想的前進こそ、彼が「自分は金モーケのために大学に行くのじゃない。病院に行けないような人を助けるためだ」という信条への到達点となって表現される。

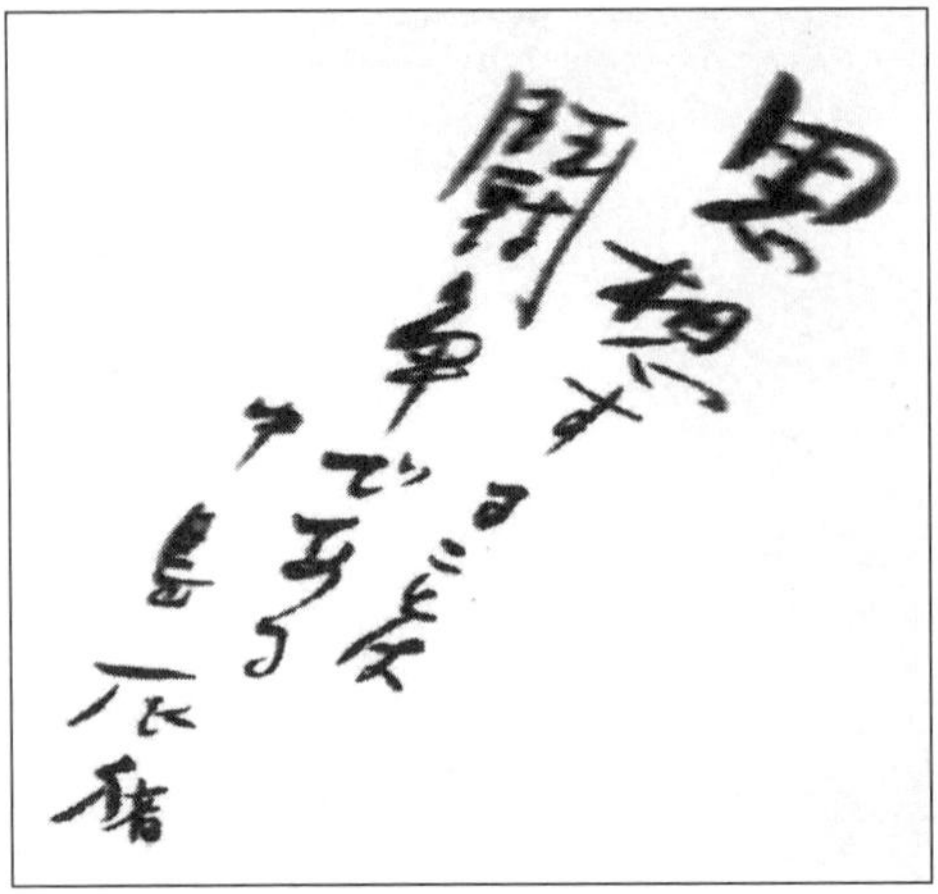

▲『卒業アルバム』「抱負欄ページ」
辰猪自署による

一九三〇（昭和五）年、卒業時の辰猪はこのモットーをさらに前進させる。

今般遺族から提供受けた千葉医大『卒業アルバム』を手にしたとき、わたしは驚きの声をあげた。なんと辰猪は、「思想することは　闘争である」（写真）と自署している。

この自署のなかに、辰猪の社会へ出るにあたっての決意、意気込みを感じとることができよう。このサインは、多くの卒業生が氏名のみを書きこんでいるなかでひときわ異彩を放つものとなっている。『卒業アルバム』は、辰猪も四人の編集委員の一人として名を連ねていて、授業や解剖実習などのさまざまの場面に長身の彼が登場する。

講演部や馬術部、柔道部などにも映し出されていてクラスのまとめ役のような積極的な存在であることが読みとれる。

いったい辰猪は、この言葉をどこから導きだしたであろうか。

辰猪が学習したテキストの中にその原型を見よう。例えば『マルクス的方法の形成』の末尾は、ジョルジュ・サンドの言葉で結ばれている。

「闘争か然らずば死か。血みどろの戦ひか然らずば無か。
問題は不可避的に右の如くに課せられてゐる」

辰猪が、これらテキストを読みながら「思想闘争」「階級闘争」という概念の獲得に至ったことがうかがえるものである。

コラム **浅野晃と伊藤千代子／飯島喜美**

『マルクス的方法の形成』の著者、浅野晃は東京帝大新人会の有力会員の一人である。本書の執筆（27年４月）直後の８月、日本共産党中央から派遣された労農党オルグとして長野県諏訪入り、折から帰省中の東京女子大社会科学研究会員の伊藤千代子と再会する（都内のマルクス主義学習会の講師が浅野、学生メンバーが千代子ら）。

劇映画「わが青春つきるとも――伊藤千代子の生涯」では、岡谷の入一林組の製糸女工大争議支援を通じて諏訪湖畔で浅野が野に咲く桔梗（花言葉・永遠の愛）を贈るシーンが描かれている。千代子が一瞬、頬を染めるシーンを思い出されるであろう。

伊藤千代子は、その前年の春、浅野晃の翻訳になるマルクス著『哲学の貧困』を購入、「may1.1926 chiyokoito」とサインして学習に励んでいて、尊敬の念を高めていた。（拙著『増補新版　時代の証言者伊藤千代子』学習の友社刊155ページ）。

その一年遅れで、この『哲学の貧困』のエキス部分を抽出した浅野晃の著書を中島辰猪が学んでいくのである。多くの青年男女が治安維持法下の困難のなか社会進歩の方向をめざしていた時代である。千代子の学んだ『哲学の貧困』にも、辰猪の学んだ『マルクス主義の形成』にも、その最後の行にジョルジュ・サンド（*）の「闘争か、死か……」のフレーズが登場する。

（*）ジョルジュ・サンド（1804―76）パリの軍人貴族の娘。ショパンの恋人として知られる。1840年代に政治的志向を強め、民主主義・社会主義思想に到達、マルクスらとの親交、交流をもった。48年のフランス2月革命にも参加した。引用のフレーズは、マルクス著『哲学の貧困』の最後に引用されているものである。

（*）飯島喜美の遺品コンパクト（真鍮製・日本共産党中央委員会党史資料室蔵・写真）に刻まれた「闘争／死」についても、このジョルジュ・サンドの言葉がヒントになっていないだろうか、と筆者

▲コンパクト（日本共産党中央委員会党史資料室提供）

は考えている（土井洋彦氏執筆の『戦前の日本共産党と渡辺政之輔』——治安維持法国賠同盟千葉県本部・2019年刊の編集協力時の教示による）。

飯島喜美（1911—35）は千葉県旭市出身。小学校6年卒業後、八日市場の多田屋書店で女中奉公、ついで東京モスリン亀戸工場の紡績女工として働き、社会的思想的に成長。ストライキ闘争のリーダーを経て29年5月、日本共産党に入党。翌30年、モスクワで開催されたプロフィンテルン（労働組合国際会議）第5回大会に日本の紡績女性労働者代表として参加、日本の紡績女性労働者の実態と闘いを報告した。大会後約1年間、クートベ（東洋勤労者共産主義大学）で科学的社会主義を学ぶ。帰国後、非合法下の日本共産党婦人部員として活躍。共産主義青年同盟オルグの活動中に33年検挙され、市ヶ谷刑務所に勾留。非転向を貫く。7～8年の懲役刑で栃木刑務所支所（女性の刑期確定者の収監舎房）に収容。35年12月18日、24歳の若さで獄死した。飯島喜美の全生涯については、玉川寛治著『女工哀史を越えた紡績女工・飯島喜美の不屈の青春』（学習の友社・2019年刊）を参照。

◆苦学生辰猪

『卒業アルバム』には、辰猪の生きいきと活躍する姿が記録されていることはすでに見た。その表情は屈託ない。しかし、五高同窓会名簿の経歴には「一九三〇年三月（千葉医大卒業年・筆者注）陸軍見習医官（東京市赤坂区近衛歩兵第三連隊）」という項がある。これについて、同時代に看護婦・医師として辰猪を支えた金高満すゑは「中島医師は……五高を経て千葉医大昭和五年の卒業である。

陸軍の委託学生（学費のない学生はそういう形式で勉強した）でボート部の乱暴な学生という印象を受けていた。卒業後軍隊にお礼奉公（？）してから同愛（記念—筆者注）病院の耳鼻科に勤務していた」と記している（金高ますゑ著『根っこは枯れず』92ページ。以下金高○○と略記）。ここに辰猪が乏しい学費を切り詰めながら、苦学する姿が浮かび上がる。

◆同愛記念病院へ

こうした卒業後の辰猪の選択が「同愛記念病院」への就職である。

同愛記念病院は、「関東大震災の際にアメリカ合衆国から送られた義援金の一部を病院建設に充てたのが始まりである。義援金のうち700万円を使って運営母体である財団法人同愛記念病院財団を設置し、震災で甚大な被害を受けた本所区・深川区付近から建設候補地を選定し、本所区東両国（現在地）に病院を建設したことが病院の起源である。診療は無料を原則とするもの」（ウィキペディア）。

この病院の起源とその診療方針「診療は無料を原則とする」を一読したとき、辰猪がこの病院を選択した理由がわかるような気がする。つまり、医療費を払えないような人々が集中する医療現場を自らの実践場所として選択したのである。

補論　辰猪卒業直後の千葉医大の激動

この時期、千葉県内では、社会を揺るがす大きな社会事象が発展していた。

とくに注目したいのは、辰猪の卒業年次の一九三〇年後半期に千葉医大内外の社会運動の激動である。辰猪は、無産者医療運動に参加していくなかでも、三〇年、三一年に何度も母校に足を運んでいる。

また、新興醫師聯盟（後述）の発足のなかで、何人もの千葉医大学生がその活動に協力している。当然、辰猪は卒業直後からの学内の「激動」も見分している。その激動とはどういうものであるか。これから紹介していく千葉医大内外の激動を彼はどう見ていたのであろうか。ここでこの動向を取り上げるのは、やがて、辰猪が三一年八月から成田近郊の豊住村に開設した千葉北部無産者診療所へ「主戦場」を移していく決断の時、これから自分を支えてくれる医師や後輩たちの集団の存在が念頭にあったのではないか、とみているからである。

では辰猪卒業直後の千葉医大の学生たちの動向はどうであったか、小松七郎氏の「千葉県民主運動史——戦前編」の記述からそれを見よう。

「一九三〇年（昭和五・辰猪卒業年—藤田注）の春頃から千葉医科大学（現在の千葉大学医学部）内の進歩的学生と、京成電鉄労働者安藤一茂らとの接触、提携によって、読書会が組織され、社会科学の研究や実践活動が活発に行われました。彼らは千葉市寒川の国鉄従業員「明倫寮」や、千葉、蘇我、佐倉、銚子などの駅、機関士に全協交通労組の宣伝文書を配布して、労働者の階級的自覚を高めるための活動を進めました。その影響で国鉄機関士の中に組合結成の動きが生まれ、千葉の駅弁当製造販売業「万葉軒」では待遇改善の要求で争議が行なわれました。同年六月から七月にかけて京成争議を契機に、医大生を中心として七十名をこえる活動家が育ちました。これを共産青年同盟の拠点とする立場から、大行慶雄、菱沼達也、中村登志男等を指導部として、同盟機関誌「無産青年」の配布、読書会機関紙「薄明」の発行に努力するとともに、これらの活動家を工作対象毎に学校（千葉医大班—藤田注）、看護婦、国鉄、京成、農村、街頭等の各班に編成し、万一弾圧によって、一つの組織が破壊されても局部にとどめ、他の組織は秘匿、温存できるよう細心の注意を払いました。

それにも関わらず、同年十二月末、約五十名の活動家が検挙されました。さらに、一九三三年（昭和八）六月には、同学内の共産党員および共産青年同盟員が「赤旗」や、党、共青の資金網拡大に活動したとの名目で学生十三人が逮捕されました。」

共青千葉医大班を指導したローザという女性

小松七郎氏の記述にある、安藤一茂が指導する京成電鉄の全線ストライキは、電車が全部ストップすると同時に習志野市大久保の争議団事務所を数百名の警視庁警官隊に襲撃され、数十名の活動家が検挙され東京・寺島署に留置された。この時の拷問係が後に築地署で中川成夫とともに多喜二を虐殺した須田勇である。指導者のひとり、秋葉利勝（※）は須田から一週間にわたるすさまじい拷問を受けたが屈しなかった。

※秋葉利勝　一九〇八年千葉県生まれ。高等小学校卒。京成電鉄改札係り。全協・日本交通労働組合京成分会を組織して闘う。一九三一年一月一三日検挙、治安維持法目的遂行罪で起訴、懲役二年の刑を受け服役。獄中で結核を発症。出獄後、安藤一茂が浅草のアパートに病臥中の秋葉を見舞ったとき、もう死を待つばかりの状況であったが、なお再起への闘志を燃やしていたという。一九三四年一一月、東京府下村山の療養所で絶命。二四歳の生涯を閉じる。

その年（三〇年）の八月頃、千葉県で唯一残っていた共産党員の安藤一茂を、「無産青年」千葉支局を再建すべく訪ねて来た田島治夫が高島満兎を伴ってきた。こうして実質的には、高島満兎を責任者とする「共青千葉県委員会」がつくられていくことになる。高島は中央の「無産青年」編集局の組織部員と、千葉県委員会責任者をかねた任務につくこととなった。その指導の下に、前記の「千葉医大班」「京成班」「国鉄班」などが形成され、とりわけ、千葉医大は七五人を超えるR・S（読書会）を組織するに至った。「無産青年」の読者は、千葉医大のなかだけでも三〇人、他の班も合わせると六〇人位と云われているので、千葉医大班がズバ抜けた読者数を持っていたことが判る。

「高島さんの指導はきちんと張りつめていたもので、先週に決めたことがどう実践されたかを検討して、次の週にやることをみんなで決めるのでした。各班はそれぞれガリ版ニュースをだしていましたが、医大班には絵のうまい学生がいて、天皇制を風刺するカットを入れたりしました。千葉医大Ｒ・Ｓの学生は、高島さんを「ローザ」の愛称で呼んでいました。婦人で、ドイツの革命運動の指導者だったローザ・ルクセンブルクにあこがれた青年らしい愛称でした。

千葉医大班は、高島さんの指導で、Ｒ・Ｓの学生と行動班をつくって、革命的記念日などには街頭に共産青年同盟のポスターを貼ったり、主な職場にビラをまきました。……活動が活発となるにつれて、特高警察の追及もきびしくなり、……同年末から翌年（昭和六年）一月にかけての弾圧で、千葉の共青は全員が検挙されてしまいました。」（山岸一章著・新版『革命と青春』、「共産青年同盟の高島まとさん」36―37ジペ―新日本出版社）

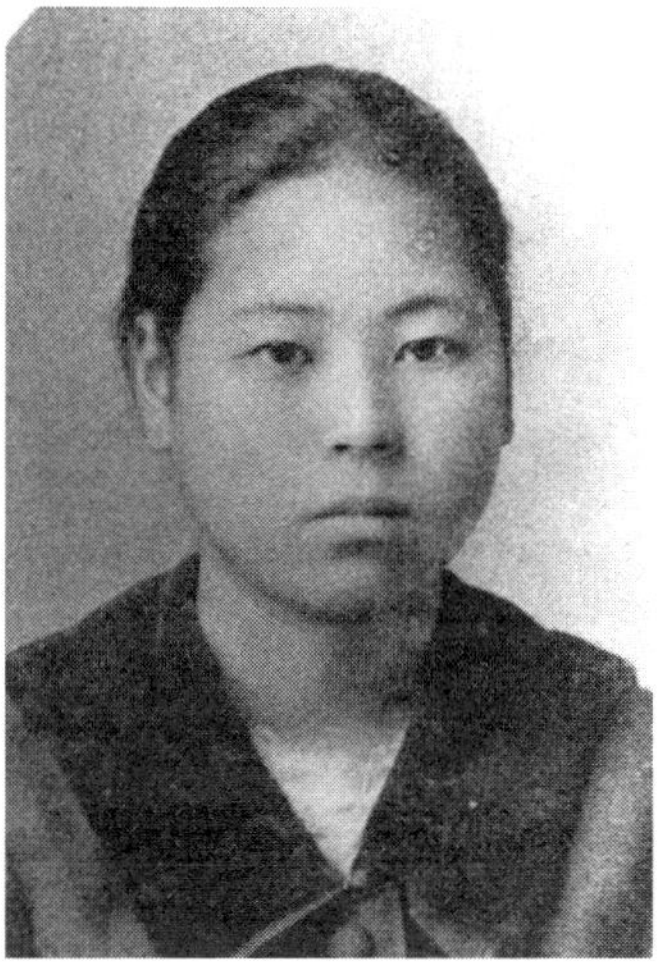
▲高島満兎

中島辰猪は、こうした後輩たちの闘いを見分していたのである。とうぜんいま自分が進もうとする進路は、やがてはこうした弾圧の延長線上にさらされるであろうことは自明であった。それでも彼は、この途を往く選択をしたのである。

千葉県内では、定期的に指導に現れる高島満兎の活躍ぶりから、多くの活動家は高島を千葉県出身、あるいは千葉県にゆかりのある人との認識を持っていた。戦後の初期（一九四八年の第一回「解放運動無名戦士墓」の合葬記録も「出身地・千葉県」とされているみでなく、今世紀になっても「治安維持法被弾圧犠牲者名簿」に千葉県出身者としてリストアップされていたほどである。彼女が果たした役割が千葉県の人たちに抜きがたい信頼と存在感を残していた証左である。

そこで山岸一章氏の『革命と青春』から高島満兎の略歴について、『解放のいしずえ』（解放運動犠牲者合葬追悼会編）の記載内容の訂正も含む、若干の補強解説をおこなっておきたい。

高島満兎は、一九〇九（明治四二）年一〇月二八日、福岡県三井郡合川村（現久留米市東合川町）の造り酒屋で出生。二六（大正一五）年三月、久留米高女卒。同校（現久留米高校）ではバスケット部選手。兄、日郎《じつろう》の社会運動の影響を受ける。卒業後上京して日本女子大国文学科入学。在学中に学生社会科学連合会活動に参加する。二九年に共産青年同盟（以下、共青）に加入。三〇年卒業後、共青機関紙「無産青年」——編集局組織部に所属。二九年の弾圧で壊された新聞読者網の再建活動に参加する。主に千葉、群馬県下で活動。こうした努力の中で、当時「無産青年」は、沖縄、カラフト、カルフォルニア等にも読者を拡大し、総計四万部にも達したといわれる。

三一年九月検挙され、起訴猶予中も活動を続け、年末ごろ結核を発症、入院する。鹿児島刑務所から仮出獄して上京し、全協・一般労組の活動をしていた兄日郎の援けで三二年春、病院を脱出。日本共産党に入党して活動を続行する。

三三年三月、共青中央本部農民対策部長となり、千葉県銚子の犬吠崎のキリスト教関係の宿泊所で共青農村対策の関東・東北代表者会議を開催、主報告を行う。「朝のお祈りなどを入れたり」その大胆で綿密な指導に参加者は驚嘆したという。東京に戻って間もなく、新宿三丁目の下宿を深夜警官隊に襲われ、二階から脱出を図り脊髄骨折の重症を負い、下半身不随でギプスに包まれた闘病生活を続けるも三四年七月一三日絶命。二四歳九か月の生涯を終える。彼女たちの居場所を密告したのは、大泉兼蔵（特高側スパイ）であったと山岸氏は書いている。

全農青森青年連合会書記長で、弾圧から逃れて上京し活動を共にしていた進藤甚四郎は、最初に会った時、満兎さんから「私たちは一刻一刻を完全に生きるのよ」と言われたその言葉を生涯忘れられなかったという。

満兎さんは、匂いの強い山百合の花が好きで、半身不随の病床から見える庭にお母さんに頼んで植えてもらっていた。開花の声を母キクさんから聞いたが、その時はもう目を開いて見ることができず、布団の下に遺書のノートがあることを告げて絶命したといわれる。

なお二〇二二年、治安維持法国賠同盟千葉県本部が発掘した「日本共産党千葉県委員会・日本共産青年同盟千葉県準備委員会検挙概況」には、「日本共産青年同盟・中央本部オルグ志賀某」「同中央部員」がトップに図示されているが、それが誰を指すのか、それ以上の探索はできなかったと見られる。千葉県の指導現場に用意周到に参加する高島満兎をついに捕捉するに至らなかったのである。

第5章　人々の苦難あるところ、私は往く
——無産者医療運動の黎明——
辰猪26歳の決断・青砥から亀有無産者診療所へ

(1)青砥無産者診療所開設への道のり

このころ同じ千葉医大を卒業後、三井財閥の施療病院である泉橋慈善病院（＊1）の眼科医藤原豊次郎は、都内葛飾地域の全農オルグで青砥《あおと》農民組合の新津辰蔵、国分《こくぶん》村曽谷農民組合の鹿倉

▲青砥無産者診療所跡　撮影＝渡辺宗治医師（母体＝農民組合 100 円・古川苞父松柏氏出資 200 円）

▲亀有無産者診療所跡　撮影＝渡辺宗治医師（母体＝農民組合①労働組合②勤労市民、支える会）

弥吉、借地借家人組合の蔦木明宣などと、組織拡大のために無産者診療所をつくろうと協議していた。診療所の場所は、当初、千葉県東葛飾郡国分村曽谷（現、千葉県市川市北部地域）を予定していたが、交通の便や組合事情を考慮して、当時、農民組合が最も活発に活動していた隣接の亀青村青砥・水元農民組合地域（現、東京都葛飾区）を中心につくることになった。わが国最初の無産者診療所が品川区大崎周辺の労働者や零細勤労市民を中心に組織されたのに対して、青砥無産者診療所は当初から農民組合を中心に組織されるという特徴を持った。これは直後の千葉北部無診や後の新潟県五泉無診などに発展した強大な農民組合組織を土台にした無産者診療所の最初の出発点ともいえるものであった。こうして全農東京府連青砥支部組合長上原倉蔵、上原亀蔵、上原庄一郎、山田一郎、鈴木平次郎、佐野村の小室徳松氏らが中心になって診療所の資金作りが始まった。「診療所の建設資金は農民や組合員が五銭、一〇銭と出した。その奉加帳は厚手の日本紙で綴ったものであったが、それにびっしり支持者の名前が書きこまれた」（増岡敏和著『民主医療運動の先駆者たち』116ページ。以下 増岡 ○○と略記）。

募金が始まったが、なかなか目標の三〇〇〇円に達しなかった。その時、葛飾区高砂に移り住んで日本共産党の実質的な東京市委員長として活躍し、当時獄中にあった古川苞《しげる》の生活を支援していた父・松柏氏が小樽水産試験場所長時代の退職金二〇〇〇円を拠出して目標を達成し、医療器具が揃えられて府下南葛飾郡・亀有村青砥四八五番地に、一九三〇（昭和五）年八月二〇日に青砥無産者診療所が開設された。古川氏の多額拠出金との関係で登記名は、古川松柏という形をとった。松柏氏は小樽の水産試験場所長の経歴を持ち、鮭の孵化についての業績で高名な人である。

その子息古川苞は、旧制山形高校（同級の亀井勝一郎と学内社研を結成。現、山形大学）出身で、東大新人会会員で、東京帝大柳島セツルメント労働者学校講師活動を経て共産党員となり、一九二八年三月一五日の「3・15弾圧事件」以降、四回にわたる検挙、投獄されていた。同じ江東地域や南葛地域での二人の交錯はあったであろう。が、古川は共産党の東京市委員会の実質的責任者として非公然の任務と活動に入っていたから彼と直接会い見知ることはなかったであろう。だが、中島辰猪がもし生を永らえて三五年まで亀有地域にとどまって診療を続けていれば、古川苞の最期を看取ることとなったであろう（拙著パンフ『古川苞——その不屈の生涯』参照）。

▲［山形中学校時代］前列左から苞（14、15 歳頃）、姉貞子、一人おいて右端・母よし子、後列左・鈴木武夫（貞子夫）、右・父松柏

ついで紹介すれば、この古川苞の講師活動での最もよき「生徒」が、東京モスリン亀戸工場の労働者、伊藤憲一であった。彼はここでの理論学習と南葛労働運動の後継の東部合同労組（渡辺政之輔指導）の指導で工場内に「関東青年前衛隊」を組織し、その一員に加わった飯島喜美の階級的成長へとつないでいったのである。

さて、父松柏は、これら弾圧犠牲者救援のために組織された「解放運動犠牲者救援会」（現在の日本国民救援会の出発点）に加入し、その会合で蔵原惟郭《これひろ》（蔵原惟人《これひと》（＊2）の父）に会い、共に獄に子息を奪われた父親同士としての話し合いのなかで蔵原氏の高い学識に感銘、その思想にも共感し、救援運動にと資料印刷代として一五〇円を拠出したといわれる。

こうして青砥無産者診療所は一九三〇（昭和五）年八月二〇日設立された（＊2）。

その場所は現在の「葛飾区水道路《すいどうみち》の高砂橋への道路十字路から中川土手寄り左側、百メートルくらい入ったところの二階家においた」増岡116（現在、葛飾区青戸六丁目二六の一二）

（＊1）「泉橋慈善病院」三井資本による三井慈善病院は設立趣旨を「汎（ひろ）ク貧困ナル病者ノ為メ施療ヲ為スヲ目的」としており、生活困窮者を対象に無料で治療が行われた。医務は全て東京帝大医学部に委託された。治療を受けられる条件（①市内開業医より無資力者として紹介ありたるもの。②警察官、慈善団体等により無資力者として紹介ありたるもの。③本病院において無資力者と認めるもの）。当時はまだ健康保険制度も行き届いておらず、医者の診療を受けられない困窮者にとっては思いもよらないことで、開院から10カ月の間に1万人強の外来患者が訪れたという。三井慈善病院は1919（大正8）年、「泉橋慈善病院」に改称。この名は、1943（昭和18）年に「三井厚生病院」と改称されるまで、25年間続いた。

（＊2）蔵原惟人は、戦前、プロレタリア作家同盟を経て、戦後、新日本文学会結成に参加。日本民主主義文学同盟（現・日本民主主義文学会）の結成に参加。一九四六年、日本共産党中央委員となり文化政策の発展に尽力した。一九四一年中元たか子と結婚。

（＊3）設立時期については、藤原豊次郎は「七月頃から準備し、十月中旬に設立した」といい、金高満すゑは「昭和六年一月頃」という。金高説は日程上に無理があり取らない。藤原説の一〇月は中島医師の所長着任の時であり、一定の意味がある。

開所当時は、泉橋慈善病院の眼科医師・藤原豊次郎医師が夜間巡回診療を開始するところから出発した。この夜間巡回診療は午後六時から一一時まで行われ、農業や仕事で診療所へ来られない農民に薬代実費で診療したので、非常に好評を得て近隣はもとより、遠く埼玉県潮止村（現在の江戸川の対岸の埼玉県八潮市）あたりまで足を延ばすことになった。その結果、農民組合組織が急速に拡大し、患者の数も増え、夜間診療だけでは手が回らなくなった。

このように、無産者医療運動は、診療所に来られない人々のところへ医療機関（医師・看護婦）が出かけていくという画期的方途をとったことから、この実費による巡回診療活動は農民や零細市民に大きな期待をもって迎えられた。

患者の増大にともなって、藤原医師が本業のかたわら夜間に診療を行うことは困難になったため、大崎無産者診療所から大栗清實、井口昌雄、橋爪廉三をはじめとする医師集団や看護婦集団が交代で応援に来て診療が継続されていった。

この時、藤原医師が自分の後継者として白羽の矢を立てたのが千葉医大後輩の中島辰猪であった。

◆「私が推挙」、藤原豊次郎氏

辰猪が、千葉医科大学の修学中に、自分の医師としての存在意義に目覚め、その意志を果たすための職場として、主に貧しい人々に開放された同愛記念病院を選択したのはすでにみた。その辰猪がどうして、安定勤務の保障される同愛病院から、出発したばかりの無産者医療運動に歩を進めたのだろうか。

その間の経緯について、千葉医大の先輩で、東京の泉橋慈善病院の勤務医、藤原豊次郎（※）の回想を見よう。藤原は、東京府下の現葛飾区や千葉県市川市北部に展開していた農民組合の運動に協力し、誕生したばかりの青砥無産者診療所の夜間診療医師を受け持っていた。その藤原氏は次のように回想する。

「最初は午後六時頃から一一時頃まで巡回診療をすることにし、昭和五年七月頃から開始したように思います。遠いところは埼玉県潮止村（現八潮市）まで行きました。無医村を薬価の実費だけで巡回診療するのですから、予想通り組織の拡大強化には役立ちました。しかしそれに平行して、ものすごく患者が多くなってとても病院勤務の傍らやっていけるものではありませんでした。そこで組合が駆け込んだのは、大崎無産者診療所です。……お陰で大栗清実《ママ》先生、井口昌雄先生、橋爪簾三先生……が応援に来てくれました。それでも患者が多くて処理できません。その中に、組合員から診療所設立カンパをするから専属医をお願いして、一日中診療して欲しい、と幹部…に要求があったのです。……看護婦は大栗先生が推薦しましょうといってくれました。ところが専属医に困ってしまいました。医者ならだれでもよい、というわけにはいかないでしょう。その時に、私に中島辰猪先生を推薦してくれた人がいました。その人がだれであったかどうしても思いだせません。中島先生は私の後輩で、当時は同愛記念病院の耳鼻科に勤務していました。昔流にいうと、医は仁術的考え方をもった人道主義者です。中島先生の快諾を得るまでには一カ月以上もかかりました。その間、お互いに病院を訪問し合ったり、青砥の巡回診療の実情を見てもらったり、私の宅へ立ち寄ってもらったりして、忌憚のない意見を交換しました。……」（『医療社会化の道標――25人の証言』医学史研究会・川上武編／勁草書房刊、151㌻、以下[社会化]○○と略記）。

今般の「辰猪遺品」の中から、時期不明であるが、同愛記念病院の中島辰猪医師から、同じ病院に勤務したことのある井口昌雄（大崎無産者診療所医師）宛に発送された速達便封筒の中から辰猪の「医師免許状」（正式文書）が発見された。藤原医師の依頼にもとづいて辰猪を推薦したのは、大崎無診の井口医師と大栗清實医師である可能性が強まったといえよう。

◆医師と看護婦のコントラストが青砥の「名物」に

藤原は、千葉医科大学の後輩である中島医師の同愛記念病院耳鼻咽喉科での診療活動ぶりをみて熱心に説得し、中島はその熱意に打たれて後任を引き受けた。

こうして一九三〇年一〇月には、中島辰猪医師が青砥無産者診療所長に就任し、常勤の医師として診療活動を開始した。「病院へ行けないような人を助けるためだ」とかねがね母に語っていた辰猪二六歳の青春をかけた新たな出発であった。

迎える農民側の代表の一人であった上原倉蔵は、その時の喜びを次のように回想する。

「俺達の忘れようとしても忘れる事の出来ない階級的医師中島辰猪の思い出を書く。……吾々貧農は……其の必要を認めて全農亀有支部を中心に置き、あらゆる困難と斗い（闘い）、大衆の要求を取り入れ、診療所設立の準備活動がなされた。準備活動を行うと同時に、金三百円也の基金が集まった。その基金を持って当時の大崎の実行委員会（大崎無産者診療所・筆者㊟）に相談したところ早速実行に移して、医療器具の買い入れ、医師の派遣まで出来た。その時如何（どん）な医師が来られるかを大衆は期待していた。ところが匕常（非常）に大きな先生と小さな赤城看護婦が見えられたので、其のコントラストは青砥の一名物になった。同時に氏の奮斗もこれより始められた。」（医同ニュース七号・「中島先生の思ひ出」）

◆赤い自転車の先生

この時、無産者医療運動の根拠地であった大崎無産者診療所は、青砥無産者診療所に派遣される

◆無産者診療所の実態

	月	日数	患者数
東京大崎無診	2	28日	1,438
	3	31日	1,497
	4	29日	1,544
東京亀有無診	2	26日	622
	3	29日	648
	4	27日	595
大阪三島無診	2	24日	805
	3	27日	832
	4	25日	702

▲無産者医療同盟機関紙『我らの医療』№23（1933.7.10）＝大阪民医連提供

中島医師を応援するために看護婦、赤城（本名、高島あき(*)。砂間一良と結婚し砂間姓。赤城はペンネーム）を派遣した。その高島あきが回想する。

「その時私が大崎無診から青砥にまいりまして中島先生と一緒に働く様になりました。大きな先生をみた時怖いような感じがしましたが、慣れてみて気の置けない無診の先生らしい方だと思いました。不完全な診療所なのにも気をおかず無診発展のことを何かと考えては一人でニュースを切ったり（謄写版印刷用蝋原紙を鑢の上に載せて鉄筆で筆耕すること・筆者㊟）、傳単《でんたん》（ステッカーのこと・㊟同）を作ったりしました。そしてその傳単は往診の帰途張ってくると云う風でした。

昼間は同愛病院に研究に行き帰るとすぐに夜間診療に取りかかり往診は二里三里あるところへ雨の時も風の時も赤い自転車で飛びまわっておられました。あまり往診を安請合いして病人の名前も聞かずに（飛び出して）行って、病人の家の方から赤い自転車を見つけて「先生こちらです」と云う具合の時もありました。

当時、診療所は財政難で人件ヒ（費）もろくに出せず先生は同愛（病院名・筆者㊟）へ行く電車賃に困っておられました。そのためホンヤク（翻訳）等をして夜を更かすことも度々ありました。（診療所の・筆者㊟）財政的な問題と発展のため朝と夜と診療するようになってからは少しの暇もなく、朝は顔洗いの暇なく診療にかかり、済むと同愛（病院・筆者㊟）にゆき、夜帰ると又夜の診療、夏のごときは汗をふき取る暇さえなかった。先生は患者さんを待たせるのが嫌いでした。

又先生は、絵が好きで病気の説明等する時は絵をかいてやるので患者さんを笑わせることが度々ありました。」（医同ニュース七号）

◆無休の診療所

高島あきによれば「無産者診療所ははじめ日曜日も夜も休みなしの診療だった。それが初めて月1回休診する方針が出たことがある。その前日の夜は、みんな嬉しくて眠れなかったわ」と回想する。増岡78
月1日の休暇！　すさまじい勤務実態である。中島も高島も、それに連なるすべての医療従事者がそれに耐えていく。中島医師の勤務当時の経営実態を示す資料は弾圧で失われて不明であるが、そのすさまじさは中島の死後一年後の資料によっても証明される。それに加えて低給、長時間診療の実態は想像に余りある。残業代、賞与ももちろん保証されない。「献身」の言葉のみが当てはまる。

◆電車賃にこと欠きながらも医学の研鑽

診療所には、あらゆる患者が押しかけてくる。彼の専門は耳鼻咽喉科。一通りの医療経験はあっても専門外の治療や病因の不明な箇所については、医学書をひもとき、午前中の診療が終わった後に同愛記念病院に通い習得する。そして、診療所へ帰ってから、夜間の診療に携わり、往診に出かけるというタフな活動を支えていたのは、スポーツで鍛えた身体と何よりも「苦難する人々とともに」という強い信念からであった。しかし、生活はいつも貧しく、電車賃さえこと欠く時もあった（前出・

高島さん談）。にもかかわらず、辰猪はお金が払えない農民や病人がいても「早くつれてこい、お金は後でいい」という姿勢を崩さず、給与も満足に出ない生活にも耐えて口に出さない。また、農民との酒の付き合いも欠かさず、卑猥な話にも平気で応じたりしていたといわれる。それでも彼は弱音を吐くことはなかった。高島あきの回想が尊敬をもって語られるのはそのことが基底にある。

◆中島医師エピソード

「医療同盟ニュース七号」には、そんな中島辰猪医師をめぐるエピソードが満載されている。前項の高島（赤城）の文章と少しダブる面があるがそのまま掲載する。

(1)たんきの巻　ある日急患往診のためあわてて玄関を出ようとしてコツンと敷居に頭を打ち付けたのでアッと笑ったら、人のいたいのに笑う奴があるか、とカッと怒って踵を返して私の頭をイヤっと云うほどハタイテそのまゝスーと往診に……

(2)ドクターの靴　或る日靴の修繕をしてもらいに行ったところあまり大きな靴で珍しいといって修繕費無料？

(3)ドクターのスケッチ　或る日千葉の医大に遊びに行くため私と先生と松本（画家）さんと電車に乗ったところ車内で二人ともスケッチに夢中で電車の乗り換えを忘れてとうとう成田まで……

(4)酒のみの巻　「今日から僕は千葉へ行きますので一寸途中ですから立ち寄りました」、「まあそれでは上がってゆっくりお話しなさい」。するとそこにあった新聞を見ていましたが、記事に夢中になって腰を下ろしてしまい、それからそれへと話が進み、靴を脱ぎ、夏のことですからワイシャツ一枚になって、とうとう××氏と二人してビールを五、六本ひっくり返して翌日までぐっすり。

(5)負傷者と検束自動車とドクター　浮塚の襲撃事件のあった晩（一九三一年八月二六日、農民組合の側に負傷者が三名出た。一人は診療所に入院したが、二名はわからない。先生夢中になってあっちこっちと赤い自転車を飛ばしている。新宿《にいじゅく》(葛飾区内中川の)橋上でバッタリ私と会う・「負傷者は」「××に」と答えているところへそっと検束自動車が三台。私は西に先生は××に……。（カッコ内筆者㊟。××は伏せ字）

(6)赤い自転車　あわてて患者の名前をきかずに飛び出してウロウロ。近所の人が赤い自転車を見つけて「先生病人はこちらです」

(2)土着の決意――戸籍を亀有無産者診療所へ移す

彼のこのような診療活動とそれを支える看護婦たちの献身的な活動により、患者は増える一方で、開業数カ月で青砥無診は手狭になり患者の収容が困難になり、何よりも入院患者の入院受入れベッドのないことも問題になっていた。

「医療費が高くて、やむを得ず、病気の蓄積をしていた農民の皆さんが、自分たちの診療所ができたといって早朝から押しかけてきました。遠いところからは千葉県からも、埼玉県からも、それだけではありません、われわれにも利用さし（せ）て欲しいといって、診療所支持のカンパをもって労働者や一般小市民の皆さんまでも来るようになったのです」社会化 藤原152

そこでもっと広い場所での診療所をという要望が出され、一九三一年三月、亀青村亀有九八〇番地（現在の葛飾区亀有2丁目59番地）の二階建ての民家を借り受け、そこに亀有無産者診療所を開設した。青砥無診からそう遠くない場所である。

「診療所の階下は、三畳の玄関が患者待合室、八畳の座敷を板張りにして診療室、廊下を隔てた奥の四畳半が看護婦の部屋だったり一時的な入院患者の病室になったりしていた。そこの押し入れを改造した薬局、玄関前の六畳がいろりの居間兼食堂となり、台所に通じる。大崎無診より広く、純日本風の住宅だった。青砥無診の三倍の広さを確保することができた。

患者数は年に延べ六千人だったと云われている。……毎月二十銭から五十銭を維持費として大勢の人が出しており、はじめは看護婦が集めてまわっていた。」金高 95

この常磐線沿線の亀有地域には農民組合中心の青砥無診とは異なった環境があった。工場労働者も数多く、労・農提携の診療所運動に発展していった。診療所の管理委員会が作られ、農民組合側から上原倉蔵、上原庄一郎、小室徳松、鈴木平次郎、服部シン太郎が、労働組合側から日本紙業亀有工場労組、東京合同労組、靴工組合の代表などが参加して運営されるようになった。

診療所長の中島辰猪は、この年に本籍を大分から亀有に移動させている。今次の辰猪遺品の整理の中で遺族によって「除籍謄本」が公表された。それによると辰猪は、亀有無診開設の年の昭和六（一九三二）年八月一日付で大分県宇佐郡八幡村下乙女一二六一番地の一から「東京府南葛飾郡亀青村亀有九百八拾壱番地」に本籍を移動させた。この地番は亀有無診と一番地違いである。辰猪は診療所に寝泊まりして医療活動に入って行ったのである。わざわざこの地に本籍を移動させたことに、彼がこの地に根を下ろして医療活動する意気込みがみられる。

さらに、謄本には、辰猪が翌年二月一二日に死去した時の届出人「同居人山下高子」の記載がある。母の「山下タカ」である。病気発症以降か、あるいは一定の時期、母タカさんが上京し、診療所に同居して辰猪の生活を援けていたと思われるのである。

◆「こんな不義は一日も許してはおけない」――流血の小作争議、工場ストライキの現場へ――

「青砥、亀有無診時代には八《ママ》インチの赤自転車をのりまわし、往診に行く時にはひそかにビラをポケットにしのばせて電柱に張ってまわった。一九三二年八月二七日（一九三一年八月二六日の記憶違い・筆者㊟）八幡村浮塚の農民の警官隊との流血の小作争議の時は、青砥の農民組合も応援に行くこととなっていた。中島がタンカをもって参加するというのを、青砥の人たちがその前夜思いとどまらせるのに苦労したという。」金高 92

当時、藤原豊次郎先輩と辰猪の二人は何度も、こんな会話を続けている。

「青砥無診が軌道に乗った頃（昭和五年末か、六年初頭）、私は中島先生に診療所の在り方についての次のような私見――診療所を官憲から守るため、医療担当者は社会運動の第一線に立たないで、後方勤務（傷ついた活動家の療養所的任務と、組合や社会運動の兵站《へいたん》部的役割）に就くべきだと思う。おそらく、これからは、組合や社会運動に対する官憲の弾圧は、ますます激しくなり、しまいには潰してしまうだろう。いくら潰されても活動家の種は、必ず残るであろう。診療所はその種から芽を出させる培養地にならねばならぬ。たとえ官憲が社会運動を根こそぎ潰滅したとしても、診療所のある限り、一粒の種でも発見される限り、必ず、その種から芽を出させねばならぬ。そのためには、医療担当者は診療所を潰されぬよう守り通す責任がある。医療担当者が診療所の潰滅を期して第一線に立つ時は、自分の周囲に一粒の種も発見できず、自らを犠牲して、一粒の種を作り出す時である。この任務を果たすことが医療担当者の義務である――を話しました。

中島先生は私の意見に賛成されて、お互いに注意し合うことにしました。中島先生からも要望があった。『診療も入院も一切が無料である大病院を確保しておくことは、医療運動にとって重要であることから、何時までも泉橋慈善病院にとどまって欲しい。これは青砥無診だけの問題ではない。

ほかも希望している』と。中島先生の要望に応えて私は四ヵ年間、中島先生の死後も一ヵ年間、病院に勤務してずいぶん病院を利用しました。」

「診療所が亀有に移転して、亀有無診となってから、中島先生の往診カバンの中には、糊とステッカーが聴診器と同居するようになり、小作争議をはじめ、どんな争議にも背の高い先生の姿が目立ってきました。組合が『警察が先生に目をつけだした。万一のことがあったら大変だ』と心配し、私も幾度となく、先生に注意したのですが、先生の答えはきまっていました。『みんなが気を使ってくれるのは有難い。医療担当者としての任務もわかっている。しかし、現場に立って、現状を見ると、こんな不義は一日も許しておけない気持ちになってしまうのだ』と。」［社会化］藤原153―4

◆ヒューマニスト

現に困っている人を見て手を差し伸べること、辰猪の胸にあるのは、農民の小作争議に襲いかかる地主の雇った暴力団や抜剣した警官隊によって傷つく農民、暴力団や警官隊による労働者のストライキ破りで傷つく人々を目の前にして、医師としてあるべき前に、人間としてこんな不義、不正義、不条理を許すことはできない、せめて現場に駆けつけて人として、医師としてやるべきことがある、という強い思いが突き上げてきていたに違いない。青年辰猪が、小作争議にも医療器具カバンや担架を持って駆けつけて救援活動に取り組み、工場労働者のストライキにも医療活動班を組織して応援に駆けつけた行動の源泉は、この社会の不条理に立ち向かう精神であった。

それはまさに「義を見てせざるは勇無きなり」である。今日の言葉で言えばヒューマニズムの発露ではないか。

◆同窓生が語る辰猪

辰猪が素手でこうした社会に向き合った医師としての姿勢は、千葉医科大学同窓生の眼にどのように映っていたであろうか。

千葉医科大学同窓生で組織される「ゐのはな同窓会報」80号（1982年4月25日号。「ゐのはな」は千葉医大所在地名）「大学草創期の友人を偲びて」という筒井栄氏の記事が掲載されている。筒井氏は一九三一（昭和六）年卒であるから辰猪より一年後輩である。氏によれば、「（昭和）五十六年五月二四日、千葉大学草創期の友人を追悼するための座談会が都内葛飾、柴又の川甚にて行われた。……この人達は後世に名を留めた人達でなく、強いて言えば光輝ある大学史の陰翳の中で没した人たちだ。ヒューマニティーを主題とした歴史を記述するなれば、必ず一章をしつらえてしかるべき人々である。」として冒頭に中島辰猪名をあげている。そして、散会後、同区内青戸にある法問寺の中島辰猪の墓参を行っている。

川甚《かわじん》は、映画「寅さん」で有名な柴又帝釈天への参道に位置する川魚専門の老舗。そこから同区内にある辰猪の墓所へと雨の中の墓参だった。戦後三六年を経て、歴史の襞《ひだ》に埋もれさせてはならない人のトップに中島辰猪をあげているのである。同窓生の辰猪らへの限りない思いとリスペクトがここからも伝わってくる。

◆庶民ととけあう力、組織する力

こうしてさまざまの人たちの回想に触れると辰猪には「正義感」「義侠心」のようなものがあり、その源泉は母タカさんの気性やしつけもあろう。そのうえに学生生活時代から身につけたのだろうか、大衆ととけあう能力がみられる。増岡によると

「非常に面白く大衆性があった。酒も飲んだ。酒を飲むと少し乱暴になるときもあったがよくお七覗きからくりやガマの油売りの真似をして見せては人を笑わせた。農民との酒の席で出るエロ話にも応じていた……しかしあわてもので非常に短気でもあった。注射がうまくはいらないとその液をさっと捨てた……診療は親切で手早かった。病気の説明など絵を書《ママ》いて患者を笑わせながら説明した。」そして「患者を待たせるのが嫌いであった。往診にはいつも尻軽くとびだした」増岡 159

お七からくりは東京駒込のお七騒動に、ガマの油売りは筑波山発祥、と見てくると辰猪はこれらの大道芸を千葉医大時代に仕込んだとみられる。

こうした辰猪の大衆性は、その後の千葉北部無診での農民を交えた医療運動にもいかんなく活かされていくのである。

◆工場労働者からも絶大な信頼

中島医師への工場労働者の信頼もまた農民同様に大きかった。常磐線亀有駅近くの日本紙業亀有工場では会社側は、労働者が亀有無診へ行くのを好まなかったが、

「その人気は日本紙業工場の労働者にもおよび、診療をとおして知りあったその労働者を激励してはそれまで何の組織もなかった日本紙業工場の組織確立（労働組合）を組織した。その労働組合は亀有無産者診療所を公然と支持し、それまでの社医をやめさせ一般投票で社医を決めることを決議するまでになった。投票の結果は、絶対多数で中島辰猪がえらばれた。そして日本紙業工場の労働者が健康保険医の資格をとる運動を起していった」増岡 160

こうした辰猪の働きかけで「昭和六年三月亀有町へ移転してからは、亀有町の労働組合と農民組合との連携は相当に強化されたと思います。日本紙業株式会社の中に労農提携の共産主義青年同盟

が結成されたのも、その一例です」と藤原は述べている。社会化 藤原152

辰猪が青年労働者にも強い影響力を形成していった証左であろう。

やがて辰猪が千葉北部無診にその主要な活動の場を移した後、日本紙業の労働者たちは、さらに無産者診療所に健康保険医の資格を与えるよう運動を展開した。この運動は、中島辰猪が死去した後の亀有無診に就任した渡辺宗治医師の時代になってついに実現させることに成功した。

中島の千葉北部無産者診療所への移動にともない亀有診療所には大崎無産者診療所などから応援の医師が派遣され、やがて、一九三三年一月からは東北帝大医学部出身の渡辺宗治医師が着任して診療活動はさらに発展を遂げ、受診者は年間六〇〇〇人を超えるまでに発展していく。

◆〝やません〟の姿ほうふつとして

これまで見たような中島辰猪の言葉を聞くと、私は、山本宣治を思い出す。一九二八（昭和三）年二月の第一回男子普通選挙で労農党から立候補して京都二区から当選した〝やません〟（民衆から「われらのやません」の愛称で呼ばれていた）も、社会の不正義、不条理に真正面からたちむかい、稀代の悪法・治安維持法の罪悪を最後まで糾弾してやまなかった。農民や学生・市民、労働者、女性、学生の闘いのあるところにはいつも先頭に立つ山宣の姿がみられた。そのために権力者側から憎まれ、内務官僚から使嗾《しそう》された右翼青年・黒田保久治によって一九二九年三月五日夜、定宿の神田光栄館で刺殺された。

若い読者の皆さんは、戦前の国民へのまっとうな医療活動や運動がなぜ治安維持法によって取り締まられ、弾圧されたのか、不思議に思われるかも知れない。権力者や特高警察は、農民・市民・

女性や労働者が団結して、自分たちで自主的に医療機関を作り医療活動や生活改善の要求を出し、また団結すること、社会的・政治的自覚を高める社会的運動を天皇絶対の専制支配を揺るがす原動力となるものととらえ、それを抑え込むために「共産主義を利するもの」という理由をつけて取り締まりと弾圧の対象とした。

藤原豊次郎と中島辰猪の意見交換はこうした背景を見て初めて読み解けるものである。

先にもふれたように、この時代は治安維持法による弾圧が猛威をふるい、千葉医科大卒業二年前の一九二八年には、改悪治安維持法により、共産党の指導者には最高刑を死刑に引き上げ、特高の判断で誰にでも嫌疑をかけて「犯罪者」に仕立て上げることができる「目的遂行罪」が成立した。無産者医療運動に参加する医師、看護婦、診療所の支え手の活動家たちの多くが検挙される事態が続いていた。彼の前途には、茨の道が待ち受けていた。それでも彼は自らの信念でこの仕事を引き受けた。給与も勤務時間も保証されない、昼夜をいとわず病人・患者のいるところどこにでも飛んでいかなければならない途である。

前述のように、辰猪が無産者医療運動に参加し劣悪な医療設備、低い治療水準の無産者診療所での治療の困難に直面したとき、彼が、先輩の藤原豊次郎医師に「無料診療が利く大病院を用意しておいて欲しい」と要請する場面がある。これまで、辰猪がなんで先輩医師にそうした要請をしたのか理解できなかったが、ここにきてようやく得心がいった。辰猪が、同愛記念病院の先に選んだ「茨の道」の無産者診療所に搬送されてくる治安維持法弾圧下の拷問（小林多喜二のような事例）や、たたかいのなかで病気を発症した愛国者たちの群像の多くは無産者診療所だけでは対応出来なかった。その時「後衛」にいた藤原医師は、後輩の辰猪からの依頼で何人もの「患者（活動家）」の入院治療を引受けている。後に藤原医師自身も治安維持法弾圧で検挙された時、特高は「君の看た患者一二〇人のうち、ブラックリストに載せられた『主義者』は六〇人を超える」と言われたと述懐している。

コラム

藤原豊次郎

1899（明治32）年、京都府竹野郡間人町（現丹後町）生まれ。東山中学・北海道帝大予科を経て、北大医学部に進学。1927年学連事件に関与して放校寸前となり、千葉医科大医学に転学して卒業。泉橋慈善病院（*）眼科医を4年間勤務。その間、30年に全農オルグの新津辰蔵，曽谷農民組合・鹿倉弥吉、借地借家人組合蔦木明宣らと協力、東京府青砥（現葛飾区）に青砥無産者診療所（以下無診とも）を設立。夜間巡回診療を開始。ついで移転した亀有無産者診療所に後輩の中島辰猪医師を紹介。その発展に尽力した。無診運動が弾圧にさらされ、運動の持続が困難となり、千葉県市川市真間に眼科医を開業後も無産者医療同盟運動に物心両面の協力を惜しまなかった。山梨の岳北無診の設立にも協力、柳島セツルメント（東京帝大）の眼科を手伝った。千葉県市川市に亡命中の郭沫若を匿った。人民戦線運動嫌疑で治安維持法で逮捕された。戦後、良心的な社会党員として60年衆院選で千葉1区から当選、日中友好運動などに協力した。戦後最初の中島辰猪追悼会を開いたのも藤原氏である。

高島あき（後、砂間姓。ペンネーム・赤城）

1905（明治38）年9月1日、静岡県駿東郡片浜村小諏訪（現沼津市）の自作農家の3女として生まれ、次兄の影響で成長。産婆学校で看護婦資格取得。1925年望月栄子、安藤光子らと全日本無産者青年同盟に参加。砂間一良の家族が腸チフスに罹り、看護した折に一良と知り合い、プロポーズされる。彼の勧めで上京。28年3・15事件後、砂間と結婚。関東地域の無産者診療所の存続全期間中を看護婦として活動した一人である。

1929年11月、大崎無産者診療所の前身である大崎健康相談所に寝泊まりして活動（夫、一良は治安維持法弾圧で獄中）。30年1月26日開所の大崎無診初代看護婦。ついで青砥→亀有→千葉北部→大崎→亀有→高崎→大崎無診看護婦と粘り強い活動の任に就く。

この間、中島辰猪の医療活動を援け、その最後期の看病（32年2月）、33年の三陸大地震では現地で救援活動に当たる。33年4月治安維持法検挙、10月出所。

18歳で静岡県沼津メーデーに1人で参加。ある共産党員から託された「手紙」を警察官に取り上げられそうになりとっさに飲み込む。青砥無診時代、地主による立入禁止をくった農民組合員の田植えの強行時に官憲の抜剣にかじりついて取り上げ、田圃に放り投げるなどの〝武勇伝〟の持ち主。それ

▲前列右から伊藤サク、高島（砂間）あき、若林（児玉）いつえ、大畑仁男（医師）。後列右から金井広（医師）、為広幹夫（大崎無産者診療所にて）

だけに特高警察の憎しみをかい、取調べの中川成夫（小林多喜二を虐殺した警視庁特高課長）の拷問にかけられた。ビンタを張り、膝踏みつけ、爪先に針を刺し、逆さ吊り拷問を受けたが屈せず。12年懲役刑の夫砂間を励ましつつ戦後を迎えた。2003年5月27日没。97歳

夫砂間一良（すなま・かずよし）は伊豆市出身。東大新人会で活躍、29年4・16事件で検挙、12年の実刑、獄中非転向を貫き、43年出獄。戦後、党中央委員、衆議院議員として活躍した。

毛沢東の企んだ国家転覆の「文化大革命」時、北京駐在員として派遣されており、紅衛兵の襲撃で九死に一生を得て、帰国した。1992年没。89歳

金高満すゑ（かねたか・ますえ）

▲金高満すゑ（東京・中野区の桜山診療所にて。著書『根っこは枯れず』より転載）

1908（明治41）年10月11日、長崎県佐世保市に佐世保海軍工廠の「金高組」組長の長女として生まれた。25年東京女子医専に入学、社会科学研究会を組織し、第二無産者新聞の配布網をつくった。31年卒業直前に治安維持法により検挙。退学処分。創立されたばかりの大崎無産者診療所に勤務。ついで亀有無診、千葉北部無診などで中島辰猪と共に働く。この間、日本共産党に入党。33年再検挙、獄中で「32年テーゼ」の研究会組織。病気出獄。労働者診療所（馬島僴所長・東京本所区・現墨田区）を経て、新

潟県葛塚、ついでわが国最後の無産者診療所となった新潟県南部郷の五泉無診勤務など、検挙・投獄と闘いつつ一貫して無産者医療運動に参加した。11年間にわたるわが国無産者医療運動の全行程への従事は類例がなく、そのなかで出会った人々との交流を記憶し、戦後、書き残した『根っこは枯れず――無産者医療運動をまもった人びと』（1967年・東京民主医療機関連合会刊）はその貴重な「歴史的記録」となっている。戦前の無産者医療運動についての記述の多くが同書に拠っている。

ただ、その記述については長期にわたる困難な「地下活動」を余儀なくされたこともあり、年代や月日などについて、記憶違いなど若干の不安定さを残している。本書では、気づいた限りにおいてその誤記を指摘させていただいた。

その回想のなかで中島辰猪の葬儀の時には、「地下にいたので（共産党の活動のこと・藤田㊟）、警官隊にとりかこまれた中島の葬儀には参加できなかったが、その年の夏、赤木（赤城・高島あきのこと）の案内でひそかに中島の墓参りをした。ばかでかい白木の墓標！　そばを通る人に〈中島辰猪ここに眠る〉とはっきりと知らせている墓標。農民の権力に対するデモンストレーションが感じ取れる墓標だった」と書き残している。金高 92

今般、辰猪遺品資料から発見された、本書中扉を飾る写真（撮影はプロレタリア寫眞家同盟・提供）によってその情景を読み取ることができよう。

金高は戦前、新興醫師聯盟にも参加。同聯盟発行の『無産者衛生必携』（1932年刊）の小児科部分を「鈴木貞子名」で執筆した。

40年、新潟県五泉診療所へ行き、41年4月3日検挙されるまでわが国最後の無産者診療所を守った。

戦後、全日本民主医療機関連合会（全日本民医連）の創立に参加。愛媛県・松山診療所時代に病気で倒れて大阪上二病院へ入院中に岡山県・水島診療所（今日の水島共同病院）医師を引受け1953

年10月5日、初代所長（44歳）に就任した。千葉北部無診時代の中島辰猪を援けて活動した岡山県出身の看護婦・笹井寿江を呼び寄せてともに活動した。その後、東京の民医連病院医師、桜山診療所所長（中野区）など歴任。１９９７年12月31日、89年の生涯を閉じた。

第6章　新興醫師聯盟の旗揚げから無産者医療同盟へ
――東に中島辰猪という医師あり、西に加藤虎之助という医師ありて

(1)日本全国へ発信する辰猪――新興醫師聯盟への参加

青砥無診から亀有無診へと中島辰猪の医療活動が軌道に乗り始めた頃、彼の医師としての活動を全国に知らしめた飛躍の時期が訪れる。

一九三〇（昭和五）年末、大崎無診、青砥無診や東京帝大柳島セツルメントに協力する医師、医学生が集まりをもって「新興醫師聯盟」の結成準備を始めた。準備会には、医師部は学校を出てまだ数年の病院勤務の進歩的医師が、医学生部には東京、千葉を筆頭にほとんどの大学医学部、医学専門学校から医学生多数が参加していた。

金高の『根っこは枯れず』によれば、医師部からは安田徳太郎、大栗清實、滋賀秀俊、上山良治、井口昌雄らが中心に動いた。学生部には、東京帝大医学部、日本大学医学部、慶大医学部、千葉医専（医大）、帝国女子医専、東京女子医専などを中心に、慈恵医専、東京医専、昭和医専などが参加していた。金高の出身校の東京女子医専だけでも二〇人近く組織していた、というから底辺の相当広い集団が

形成されつつあったとみられる。
増岡によれば、医師部には右記の人々のほか近藤忠雄、中島辰猪、菖蒲沢昇、大里文祐、本郷ふじえ、金高満すゑ名が挙げられており、中島辰猪もこの運動の中核を担っているのが判る。増岡 81

医師たちは、大崎無診の診療手つだい、ストライキや小作争議の応援診療、治安維持法下の弾圧救援診療活動に参加し、医学生たちは、その医師たちの手つだいもしたが、病院ストライキのビラ貼り、ビラまきなども行いつつ、看護婦の組織化などにも力を注いだ。

こうして一九三一年四月上旬（*1）、新興醫師聯盟の第一回全国大会が、東京府豊多摩郡落合町（現新宿区）上落合・村山知義のアトリエで開かれた（『思想月報』2では、「上落合人形クラブ」と記載）。参集した各地の代表から生活と健康破壊の現状が訴えられ、それとたたかう医療従事者が次々と発言した。この大会は、医学知識の大衆化、医療の社会化、医学教育の在り方などに言及する画期的なものであった。

（*1）金高によれば、第一回全国大会の開催時期は「一九三一年一月か二月のある雪の日、村山知義のアトリエを借りて……籌《かず》子夫人がピケの役目をはたした」（金高 40—41p）とされており、これまでの多くの文献がそれに準拠し、第一回全国大会は一、二月開催説をとってきたが、金高氏の記憶違いである）

新興醫師聯盟は、各地にほうはいとして起こりつつある無産者診療所を支える医師集団づくり、良心的医師や医学生を広く結集するために大きな役割を担いはじめた。
その模様を「社会運動通信」（476号、昭和6年5月17日）は、「反動化せる現代醫學に抗争して全国醫師の全国的結成さる　新興醫師聯盟創立大会開催」の見出しで、昭和6年4月上旬、東京、千葉、京都、大阪、福岡、仙台、盛岡、八戸、名古屋、新潟等々の進歩的医師十数名の参加によって全国大会が開催されたことを報じている。

同紙は、続いて「地方情勢・関東地方」で「最も古い大崎無診と、昨年戦闘的な農民の手によって樹立された亀有無診とに多数の進歩的医師及び学生が組織され又、実行委員会が消費組合大衆と協力して出来た巡回診療にも参加してますます発展している」と報じるように関東ではこの二つの無診に進歩的医師、医学生が結集して、しかも、「消費組合の巡回診療」にまで発展しつつあった。その中心の一人に中島辰猪が位置していたのである。
◎この時選出された「役員」について、司法省刑事局は『思想月報』2（昭和9年8月）で、その体制を次のように記録している。
委員長―安田徳太郎
中央委員―橋爪廉三、中島辰猪（東京）、加藤虎之助（京都）、岩井弼次（大阪）
◎スローガンは、
「全国未参加の新興醫師は直ちに聯盟に参加せよ。全国の進歩的醫師は新興醫師聯盟の旗の下に団結せよ！」

のちに「東の中島（辰猪）、西の加藤（虎之助）※」と呼ばれるようになった少壮の医師二人が登場しているのに注目されたい。二人は、おそらく初めて顔合わせしたに違いない。加藤は静岡県下田市出身で京都帝大医学部へ進学、卒業とともに大阪三島無産者診療所（現吹田市）入りを決意、実技を磨くために外科教室に入り直し、満を持していたのである。ともにその情熱的医療活動がゆえに人々から「東の中島、西の加藤」と呼ばれるようになった。

それはあたかも「東のワタマサ（渡辺政之輔）、西のヤマセン（山本宣治）」と呼ばれていたように。

▲三島無産者診療所の活動を詳細に記した『三島無産者診療所物語』柏木功著

▲加藤虎之助デスマスク（相川診療所蔵）

※加藤虎之助

三島無産者診療所は、一九三一（昭和六）年八月一〇日、大阪府三島郡吹田町栄町（現、吹田市）に開設された。所長として就任したのが京都帝大医学部出身の加藤虎之助（一九〇三（明治三六）年三月一二日静岡県下田町・現下田市生まれ）であった。

加藤は、豆陽中、旧制静岡高校を経て京大医学部に進む。在学中、社会科学研究会に参加。その後、共産青年同盟に所属、一九二九年の「4・16事件」で検挙された。三一年卒業後、開設されたばかりの三島無診に飛び込んで活動を開始した。

この地域に発展しつつあった農民組合、友禅工組合などが支え手となった。加藤の診療活動は、診察無料、薬剤1日1剤10銭、手術代実費の低額医療を掲げて精力的に活動した。

三二年一月志願して入営、同年一二月除隊となった。その日、加藤の帰還を歓迎する農民や労働者、市民が一大デモで迎えたという逸話が残っている。

三三年、吹田町長から町医に委嘱される。

三四年一月、疲労を押しての診療活動のなかで虫垂炎を発症、代診の医師がくるまでと無理をして診療活動を続けたため重症となり阪大病院に収容されたが腹膜炎を併発、手遅れとなり、一九三四年一月九日、二八歳の生涯を閉じた。

直後の一月二五日、大阪府特高警察から閉鎖命令が出されて、三島無診は閉鎖させられた。三五年一月、診療所近くの川面墓地に「三島無産者診療所最初之医師故加藤虎之助先生ノ墓」が建立され、地元の相川診療所が中心になって、命日にデスマスクを墓所に飾ってその遺徳をたたえ、遺志を継いでいく墓参を行っている。

◆『無産者衛生必携』でデビュー

この医師集団が最初に手がけたものが『無産者衛生必携』（写真）である。この『必携』は、B5判二六〇ページ、定価八〇銭のハンディなもので、新興醫師聯盟に結集した当時の少壮の医師集団の総力を挙げたものとなった。本書には、各科の執筆者名はないが、執筆者の一人、滋賀秀俊氏（戦後、東京・鉄砲洲診療所医師）等によって明らかにされているので紹介していく。金高が執筆者不詳とした「耳鼻咽喉科」が中島辰猪であることが判明した。働く者の立場に立つ、進歩的な医師集団の中核に中島辰猪が参加していくデビュー論稿である（以下に冒頭四頁を掲出する。カットも）。

▲『無産者衛生必携』表紙

耳鼻咽喉科

I 耳の病氣

一、中耳炎

急性に來る中耳炎は急性化膿性中耳炎と言つて、多くの人々に知らてゐる耳の病氣である。この急性の中耳炎に罹ると、今迄何ともなかつたものが、急に耳の奥を針で突き刺す樣な激しい痛みが起り、この痛みは夜になると益々猛烈となり、朝一時弱くなるがまた强く痛み出し、時に頭の後方や、齒の方にひゞいてくる。それと同時に熱が三十八、九度に上り、耳が聞え難くなり、耳鳴り、頭痛などがあり、病狀がひどくなると、嘔《は》いたり、譫言《うはごと》を言つたりする。醫者をよんできて診て貰ふと、熱と、耳の痛みと、耳の遠くなつてきた事とを確めて、之は急性化膿性中耳炎だと診斷される。だからこの三つの病狀が揃つてゐたらまづ中耳炎だと思へばよい。この時適當な手當をすれば三週間位で治るが、若し手當が惡かつたり、黴菌の毒が强かつたり、治療をしなかつたりすると、鼓膜が破れて濃汁が出て來て何時までもとまらない上に、耳が次第に聞えなくなり一生聾《つんぼ》に近くなる。即ち慢性の中耳炎となる。急性、慢性の中耳炎は出來るだけ早く適當な治療をしないと、それがもとで、急性の中耳炎の樣な容態の外に、主に耳朶の後方が腫れ上つて耳朶《みみたぼ》を前に抑しつけ、こゝを押すと相當强い痛みがある乳嘴突起炎といふ恐ろしい病氣や、三叉神經痛、神經痲痺（頭の歪む病氣）等の餘病を起したり、腦に濃汁が入つて命を失ふ事がある。それ故信用の出來る醫者に出る來だけ早く治療して貰ふのがよい。

　急性の中耳炎は黴菌が鼓膜の中の方にある中耳といふ空地に入りこんで、そこの空地の壁である部分をたゞれさし、濃汁《うみ》を出すのであり、この空地には鼻から管が通つてゐるので、風邪、鼻の病氣、扁桃腺の病氣の時等にこの管から黴菌が入つて中耳炎を起すことが屢々あるから、そんな場合は勿論、普段鼻をかむ時も、兩方一緒に强くかまずに、片方づゝかむことが必要である。又、耳垢《あか》、異物が耳の中に入つたときこれ等を取り出さうとして鼓膜を傷けたり、特に耳の上を强くなぐられて鼓膜が破れると、そこから黴菌が入りこむことがあるから注意せねばならない。

　急性中耳炎となつたならば、絶對安靜即ち寢床に入り、酒、たばこ其他刺戟のある食物をやめ、アスピリン等の解熱劑をのみ、耳を二％硼酸水（作り方は一九〇頁を見よ）で冷いまゝ濕布するか、氷囊

耳の構造

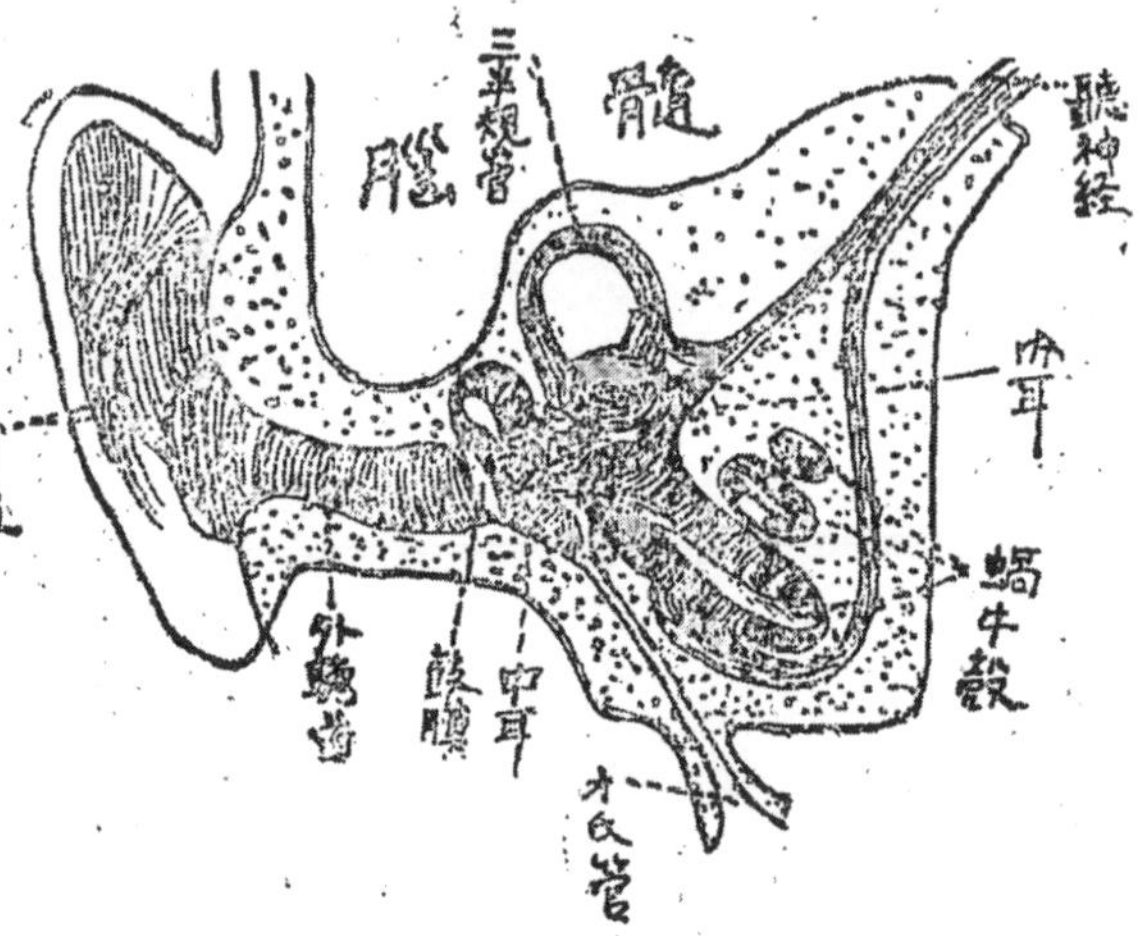

をあてるか、農村等の水蛭のすぐ手に入る所では、水蛭を耳朶にあてゝ血を吸はせるかすると、耳の痛みが輕くなる。中耳炎がごく輕い場合は之等の素人手當でも治るが、重い場合は勿論輕い場合でも醫者に行つて鼓膜穿刺といふ手術をしてもらへば、忽ち病氣がよくなる。これは仲々良い手術であるし、專門醫なら簡單に出來る。

　自然に鼓膜が破れた場合にも急性中耳炎の痛みは良くなるが、この場合大低、耳漏《みみだれ》が仲々止まらぬ様になる。かゝる様に耳漏が長く出てゐるものは醫者に來る耳の病人中一番多いものであり、多く子供の時急性中耳炎をやつて慢性となつたものである。この樣になつたならば、綿棒に綿を卷きつけ、之にオキシフル其他の過酸化水素製品（藥屋で賣つてゐる）をつけて泡を立たせて耳漏を綺麗に拭ひ取りそのあとへ細いガーゼを入れるか、綿で耳の口をふさいで置くことを毎日根氣よく繰返す。之は始めは醫者に必ずやつて貰はねばならぬが少し慣れば素人でも出來る。耳漏が少しで臭くない時は之でよいが、耳漏が非常に臭い時はヒヨレステアトーム、乳嘴突起炎等の恐ろしい耳の病氣の徵《しるし》であるから醫者にかゝらねばならぬ。これ等の場合には手術をして貰ふより外、病氣より助かる道はない。

小さい兒童、乳兒は大人の樣に病氣についてハツキリ言はないから、これが中耳炎になつた時の樣子を心得て置くとよい。その時には、何となく不安で、泣いてばかり居り、眠らず、たべ物をたべず、手で耳朶をつかもうとする樣子が見える。熱は四十度にものぼる事が屢々あり、嘔吐、痙攣等を起すことがあるが、鼓膜穿刺をすると直ちに輕快する。

二、耳癤（みみのできもの）

耳かき、爪で傷を耳の中に作つた時、水泳で水が入つた時、藥の入つた時、中耳炎で濃汁《うみ》の出てゐる時等に耳の中にできものが出來ることがある、すると、これが奥にあるほど痛みが強く中耳炎ではないかと思はれる時があるが、痛みの割に發熱することが少く、耳朶を抑したり、ひつぱると痛く、その「序文」はいう。

「我々は之を凡ての無産者、勤労大衆、醫家、醫学生諸君に贈る。醫学が進歩して、病気の治療法は良くなっていくが、醫療は金の余裕のある連中のみに多く利用されて、無産者がその便宜を受けることは甚だ少ない。醫療は全民衆が享くべきものである。……だがそれは社會機構問題と密接な関係がある。之の解決がもっとも重要であることはいふ迄もない。」とし、「実際に必要な病気や、知っておくべき必要のあることについて平易に真相をのべ、醫師に相談すべき指針と、妥當なる応急手当法を記した。注意すべきは醫師に相談すべき機を失わない様にすることである」と記し、「我々は醫師としての立場から、廣く醫学の批判、醫療制度の検討、醫學知識の普及に努るものである」と本書出版の趣旨ともくろみを述べている。

まず、その目次と執筆者を紹介しよう。

◎内科　結核＝安田徳太郎(日赤)、一般内科＝井口昌雄(同愛病院)、伝染病＝大里文祐(駒込病院)
◎小児科　金高満すゑ（東京女子医専）
◎外科　上山良治（日赤）
◎婦人科　藤枝（ペンネーム・本郷ふじえ）
◎産科　藤枝　産児制限　藤枝
◎性病　本間博吉（新潟医大卒・順天堂医院）
◎皮膚科　本間博吉
◎眼科　近藤忠雄（大塚病院眼科）
◎耳鼻咽喉科　中島辰猪（千葉医大卒・同愛病院耳鼻科）

◎歯科　泉盈之進（東京歯科医学校卒）
◎職業病　滋賀秀俊（東京帝大医学部卒・伝研）
◎迷信、呪、素人療法、賣薬の話　井口昌雄（東京帝大医学部卒）
◎病院、診療所に関して　井口昌雄（序文、校閲、加筆など）・滋賀・上山の3人で編集

筆者たちは当時、直接、間接に無産者診療所を支えていた医師たちであり、山本宣治の義弟の安田徳太郎を除いて、二三歳（金高）から三〇歳以下の青年医師たちによって執筆されたものであり、「平易な臨床医学の必携、予防、医療運動も含めて啓蒙・解説に役立てるものをめざした」［社会化］滋賀84

◆辰猪、本書を手にすることなく無念の死

中島辰猪がこの「耳鼻咽喉科」の執筆をおこなったのは、一九三一年後半、彼の千葉北部無産者診療所時代である。本書の奥付の日付の翌三二年二月一三日印刷、発行一八日から見ると、出版作業時は、辰猪は死の床に横たわりつつあり、本書を手にすることなく最期（一二日）を迎えた。さぞ無念、心残りであったろう。

中島辰猪最初にして最後の医学論稿は、いまを生きる私たちが読んでも違和感なく読め、且つ挿絵も入って今日にもなお通用するものである。

本書は絶版となり入手が困難であるが、国立国会図書館がインターネット公開をしており、誰でも読むことができる（収録部分は大阪・三島無産者診療所の建設と運営を支えた柏木茂弥氏の子息・柏木功氏所蔵の原本の提供を受け使用した。記して謝したい）。

もとより医学に無知の私がその内容について評論することは差し控えるが、本書の出版目次をあえて掲げたのは、本書のもつ画期的内容に注目してほしかったからである。たとえば、当時の貧乏人の子だくさんからの「救済」のために、「産児制限」が取入れられていること（読者のみなさんは、映画「武器なき斗い」で山本宣治が大阪の工場地帯で「産児調節」の講話を行い、女性たちの高い関心を呼ぶ場面、臨監の三島雅夫扮する巡査もテキストを買い求める場面を思い起されるであろう）。山宣（当時も今も「われらのやません」の愛称で呼ばれている）は官憲の弾圧を巧みに避けるために、あえて産児制限という言葉を使わずに「産児調節」という言葉に代えて説明するのである。戦前の軍国主義時代の政府は「軍人」を確保するために「産めよ増やせよ」のスローガンで国民を煽っていた。当時は、人工流産は「堕胎」として犯罪扱いされていた。それだけに「産児制限」などの項目は、「出版法」に抵触する恐れもあった。「発禁」リストによる検索をおこなったが、記載が無かったので、見逃されたものと思われる。発行部数五〇〇〜一〇〇〇部と言われた本書が、医師、医学生、看護婦などに広く頒布され始めていた。

また本書には、「病気と弁当は自分持ち」などと云われる時代に「職業病」が取り入れられていることにも注意を払いたい。化学工場で働いていた私でも「職業病」という病因概念は、戦後のものと思い込んでいた。働く者の立場に立つからこそ取り入れられた診療科目である。さらには、迷信、呪いなどの「非科学的」なものが無知蒙昧にかこつけて持ちこまれていた時代に、科学的なものの見方考え方を啓蒙する努力を怠っていない。

本書は、無産者医療運動が生みだした、当時最高の医学を提供する共通の財産であったといえよう。その意義を私なりに考察しておきたい。

①よく「医は仁術」、つまり「医は単なる技術ではなく、人を救う道である」（『大辞林』）などと

いわれる中で、本書の内容と発行は、医術を医学（科学）にまで高める試みであり、無産者医療運動に参加する医師集団の医学力アップに貢献する
②民主的医学をめざす医学生たちの学習書として最適である。
③医療を満足に受けられない人々が精確な医学的知識を獲得できる平易な医学書である。
④病気の根源は自己責任でなく、社会的保障によって救済すべきもの、医療は万民のものであるという立場が貫かれていて、無産者医療の運動の促進体となっている。
⑤本書を通じてより多くの民主的医師と医学生、看護婦などの結集を高める役割を持つものとなった。

本書原本を提供された柏木功氏は、「民衆が単に医療を受ける側でなく、医療の主体者となるよう医学情報を提供するという姿勢を学びたい」と語っている。当を得た指摘である。

新興醫師聯盟は、短期間の活動で任務を終え、一九三一年一〇月に発足した「日本無産者医療同盟」に吸収されていく形をとった。

当時、社会変革をめざす日本共産党、共同する活動家への治安維持法弾圧が二八年三月一五日、二九年四月一五日と続き、多くの愛国的活動家が獄中にあった。医療活動・医療運動などの社会活動なども、改悪治安維持法で設けられた「目的遂行罪」（この組織・団体は、このサークルやこの読書会は共産主義運動を利するものと特高警察が判断すれば誰でも検挙、獄中につなぐことができた）によって弾圧の対象とされていく時期であった。

つまり社会的な動きを助長する運動も、思想・思考さえもすべて取り締まりと弾圧の対象となる暗い時代を迎えていた。己のみを大事に生きる方法もあった。しかし、大栗清實、中島辰猪、加藤虎之助ら「聯盟」に結集する医師たちは、日本中の心ある良心的な医師たち、これから社会に出

て役立ちたいと考えている真面目な医学生たちを「新興醫師聯盟」に結集していく努力をしていた。当時の社会状況から見て、日本全国の医学者、医療従事者、医学生らによる広大な統一戦線的組織に発展できる可能性を秘めていたのではないか。

それだけに、始まったばかりのこの運動が萌芽の内に閉じられたのは、その後の無産者医療運動の前進にとって残念なことであった。当時の医療同盟の記録によれば、辰猪の先輩、大栗清實（無産者医療同盟委員長）は、その存続の途を探っていただけに苦渋の選択を強いられた様子がよみ取れる。三三年秋、大栗らは「社会医学研究会」の設立をめざし、「趣意書」を配布したが、中心メンバーが次々と検挙され、実現にいたらなかった（『思相月報』昭和九年八月。「医同に関する調査」45～49）。

◆治安維持法弾圧の嵐のなか多くの青年が組織を創って前進

というのは、日本の支配層は、国民の要求とたたかいに押されて「普通選挙法」（二五歳以上の男子のみの制限選挙法）を作るのと同時に、治安維持法を制定した。一九二五年四月のことである。この法律は、二六年の「京都学連事件」、前述の二八年三月一五日事件と次第に支配者の意図通りの弾圧法となって現れた。青年男女が圧倒的であった日本共産党員（例えば伊藤千代子二三歳で入党）、活動家の殆どが獄に繫がれていた時代、残された青年たちは創意工夫して各分野の組織を創っていった。新興醫師聯盟もその一つに加えることができよう。当時どんな組織が治安維持法体制の弾圧下にも隊列を整え、青年たちに支えられて組織を創り、活動を展開していたか、その主なものを見よう。

◎解放運動犠牲者救援会（28年4月）
◎全協（日本労働組合全国協議会・28年12月）
◎プロレタリア美術家同盟（29年1月）

◎プロレタリア映画同盟（29年2月）
◎プロレタリア劇場同盟（29年2月、のち「演劇同盟」に改称）
◎プロレタリア作家同盟（29年2月）
◎全日本無産者芸術連盟（ナップ・28年3月、機関誌『戦旗』発行）
◎プロレタリア音楽同盟（29年4月）
◎プロレタリア歌人同盟（29年7月）
◎プロレタリア科学研究所（29年10月）
◎日本反帝同盟（29年11月）
◎新興教育研究所（30年8月）
・**大崎無産者診療所**（30年1月）
・**青砥無産者診療所**（30年8月）
・**大阪無産者診療所**（31年2月）など23診療所1病院にまで発展
◎**新興醫師聯盟**（31年4月）
◎**日本無産者医療同盟**（31年10月）
◎新興仏教青年同盟（31年4月）（仏陀を背負いて街頭へ）
◎全国農民組合左派結集し「全農全国会議」（31年8月）
◎プロレタリア写真家同盟（31年10月）
◎プロレタリア文化連盟（31年11月。『プロレタリア文化』発行）
◎日本無産者消費組合連盟（32年3月）
◎唯物論研究会（32年10月）

当時、多くの活動家を獄中に奪われた中でも、残された青年たちが中心になって、例えば文化団体組織では一二団体、総員一五〇〇人、文化サークルの数一〇〇〇、機関紙新聞、ニュースなど一三種類、一四万部におよんだという（手塚英孝著作集『小林多喜二』261ページ）。

(2)無産者医療同盟の発足と辰猪らの活動

新興醫師聯盟の結成を支えてきた土台は、大崎、青砥（→亀有）、八戸、大阪、岳北（山梨県）、三島（大阪・吹田）、千葉北部、洛北（京都）などと三〇年から三一年へと続く無産者診療所開設運動の高揚にあり、その運動はさらに続く新潟、愛知、長野、群馬、仙台など日本全国に波及しつつあった。

こうした各地の運動体の協力共同と統一的運動を進めるための指導的役割を担う組織が求められていた。

◆妨害はねのけて結成大会開く

一九三一（昭和六）年一〇月二五日午後、上野自治会館において日本無産者医療同盟の結成大会が開かれた。参加者のなかに、千葉北部無診に移籍したばかりの中島辰猪の姿もあった。

「日本無産者医療同盟ニュース」No.1（1931—昭和6年11月1日号）によれば、出席代議員三〇名（大崎九、亀有八、大阪四、山梨四、横浜一、江東二、千葉二）が参加した。

午前中からの開会予定が遅れたのは、方針書などへの官憲の介入で「不穏箇所」とされた文書への墨塗り作業などに手間取ったからである。当時の集会は官憲の臨監が日常的に行われるようになっていた。この時には、「提案文書類の点検」まで行われるという干渉がおこなわれた。代議員の数こそ少なかったが、傍聴者は約二〇〇名（「社会運動通信」では一五〇名で、女性が多いのが注目されたと報道）といわれ、全国の期待がいかに大きかったかを示している。千葉の代議員二名は中島辰猪と、農民組合長の根本新治であった。東京のリストの中には、亀有の上原倉蔵農民組合長もおり、この「同盟」が医療する集団だけでなく、医療を受ける側の人々も参加するという画期的組織形態をとっていることが判る。

大会は、ものものしい警官隊の包囲と妨害の中にあったが、司会は橋爪廉三、議長には大栗清實（彼はこの時、療養先の山梨県岳北無診を代表して参加）が就いた。この時、辰猪がどういう役割を果したかは明らかではないが、こののち述べる、千葉北部無診のなかに、すでに独自の発展形態の「巡回診療」と村々に無診運動を支える「班」組織を確立するなどの独創的組織形態を編みだしていきつつあったので、「各無診報告」ではこうした実践例も報告されたと思われる。

◆大栗、中島、加藤ら中央委員に選ばれる

第1回大会の主な議題は、規約、中心スローガン、運動方針、財政、機関紙発行、マークの選定、無産者健康デー設置、技術者集団組織化、診療所経営・設立方針、派出看護婦・産婆設置、待合室文化設備、争議支援などの多岐にわたるものであった。役員選考委員会提出名簿には、千葉県からは中島辰猪、農民活動家の根本新治が、東京からは橋爪、山梨からは大栗、そして大阪からは加藤虎之助らの氏名も列記されている。

こうして新興醫師聯盟、無産者医療運動に依拠した無産者医療同盟組織は、発足一年後の一九三二年の秋には「東京支部六四一人、大阪支部五六〇人、千葉支部一三〇人、仙台支部二五人、山梨支部準二六〇人、新潟支部準五一〇人、長野県上小支部不明、愛知支部一六〇人」（以上、医同第2回全国大会「現勢報告」）」「長野三〇人」（警保局資料）と二三〇〇人を超す人々を結集するま

▲中島辰猪の写真を中央に。日本無産者医療同盟東京支部結成大会（1932年11月20日）

でに成長した（準＝準備会）。

その後の農民組合運動、消費者組合運動などと共に、戦前の人民運動のなかで抜きんでていたことがわかる。その初期の運動の一翼を中島辰猪も、加藤虎之助も担ったのである。

この時、女性の代議員は東京の宮崎てる医師（中島辰猪が千葉北部無診に転出した三一年九月から日本橋の産婦人科医師から亀有無診の後任の所長に就任）のみと思われるが、大会書記には、辰猪と一緒に活動した看護婦の高島あき（赤城）が就いており、少数だが女性たちの活躍がみられる。

◆多喜二らが講演した「無産者病院の夕べ」

全国大会の夜、同じ会場で「無産者病院の夕べ」が三〇〇人の聴衆を集めて開催された。当初の宣伝チラシ（次頁）には、秋田雨雀、小林多喜二、中條百合子、布施辰治など共に中島辰猪、加藤虎之助などなど各無診の医師などが顔をそろえているが、実際には、前記四人は講演したが中島も加藤も顔見せだったようである。「医療同盟ニュース」によれば、何人かは「弁士中止」を食らったが、多喜二らは講演したことが読み取れる。この時、作家同盟書記長の多喜二がどういう内容の講演をしたかまでは、残念ながら不明である。多喜二研究家の手塚英孝の『小林多喜二』にもこの日の講演は記録されてい

▲無産者病院の夕べ　ポスターとチラシ
（大原社研蔵・提供）

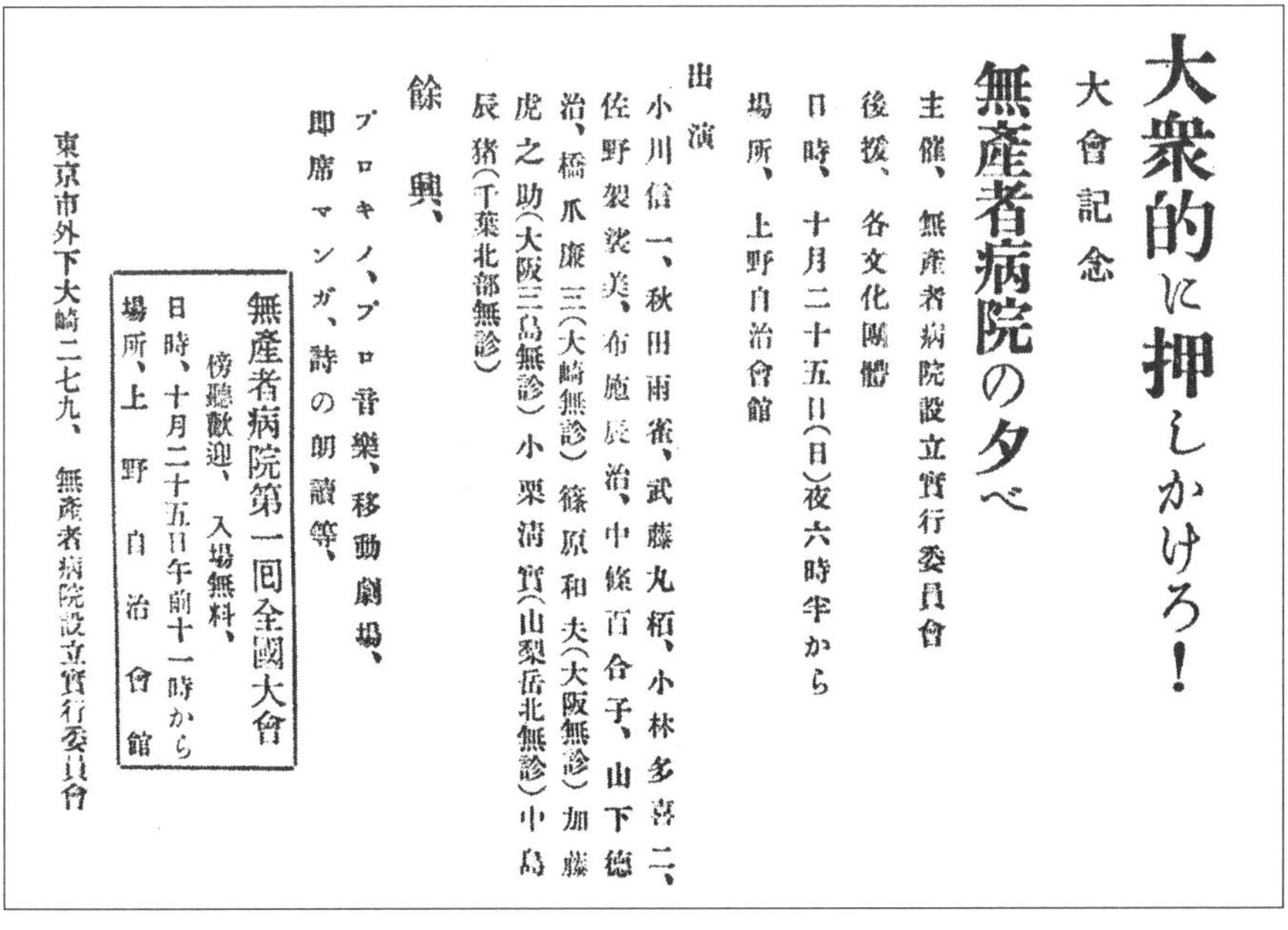
大衆的に押しかけろ！

大會記念
無産者病院の夕べ

主催、無産者病院設立實行委員會
後援、各文化團體
日時、十月二十五日(日)夜六時半から
場所、上野自治會館
出演
小川信一、秋田雨雀、武藤丸楠、小林多喜二、佐野袈裟美、布施辰治、中條百合子、山下徳治、橋爪廉三(大崎無診)篠原和夫(大阪無診)加藤虎之助(大阪三島無診)小栗清實(山梨岳北無診)中島辰猪(千葉北部無診)
餘興、
プロキノ、プロ音樂、移動劇場、
即席マンガ、詩の朗讀等、

無産者病院第一回全國大會
傍聽歡迎、入場無料、
日時、十月二十五日午前十一時から
場所、上　野　自　治　會　館

東京市外下大崎二七九、無産者病院設立實行委員會

ない。私の関心は、話の中身もさることながら、辰猪も加藤も当時プロレタリア文学運動の牽引役の多喜二、百合子、自由法曹団の中核の布施辰治ら日本を代表する民主的文化運動の旗手たちと顔を合わせたと思われ、無産者医療運動の旗手たちとの「会話」がどのようなものであったかである。

第7章　抵抗の村、標的の村へ

——千葉農民組合の砦、成田・豊住村—北部無産者診療所（31・9〜11）

▲千葉北部無産者診療所
（成田豊住村・農民組合つぶしの標的にされた辰猪最後の診療所——警官隊に破壊された跡・看板が叩き落されている

◆中島辰猪医師の新天地——診療所設立計画に参画

こうしたなかで、辰猪に新しい無産者診療所への招へいがきた。千葉県の北総台地に続く利根川沿いの常総台地の農村からであった。

中島医師に付き添うかたちではじめてこの地に足を踏みいれた野口ワカ看護婦（※）はその時の印象を次のように書き留めている。この時、彼女は亀有無診に欠員ができ、大崎無診から応援で来ていての同行だった。

「やがて千葉県に農民組合の努力で北部無産者診療所ができ、中島先生が出張診療することになった。ある日、午前の診療が終わるとすぐ北部診療所にでかけた。成田線の安食《あじき》駅におりると、理事の人が待っていて、先生は自転車に乗り、私は理事の人の自転車の荷台に乗って風を切っ

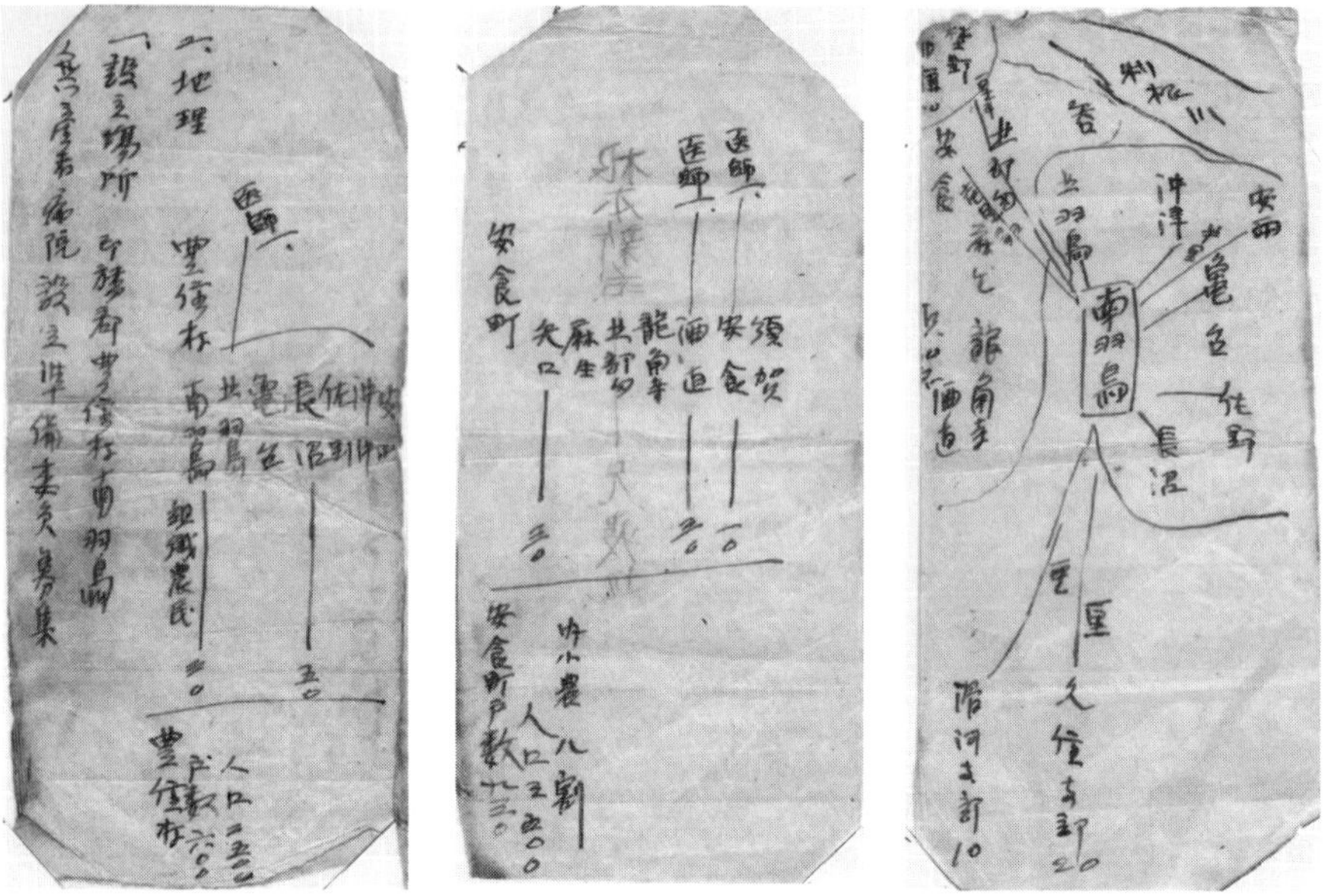

▲千葉北部無産者診療所＝無産者病院設立準備委員募集計画書（中島辰猪自筆）

た。横に大きな水面が見えてきた。

『あれは海ですか』

『いや、印旛沼ですよ』

理事の人は、あきれるほどのんびりと印旛沼のいわれや伝説を話した。私は急に父や母のしわくちゃの顔を思い出し、涙ぐんだ。印旛沼の水面は限りなく広がっているようだった。両側にすすきが生い茂っている沼の淵の道をどんどんすすむと、間もなく診療所に着いた。診療所は農家の一隅を改善したものである。木の香りが、体の中までしみとおるような感じであった。

きょうは、落成式。十二、三人が集まって酒盛りがはじまった。喧嘩かと思うほどの高声、高笑い……。しまいには、踊れうたえの大さわぎになった。中島先生も一緒になってはしゃぎまわった。

同じような運動をしているとはいえ、東京をはなれると、こんなにも違うものなのかと感心しながら、どんちゃんさわぎをみていた」（『白の青春』〈一九六七年〉収録の野口ワカ、「無産者診療所」130ページから。川島みどり他編・東邦出版社）。

この様子からは、野口ワカの言葉を借りるまでもなく、辰猪がすでに千葉北部無診の人々と強い絆で結ばれていることが読み取れる。これまでの辰猪は、どちらかというと青砥無診も亀有無診の場合も農民組合や労働組合などが創った、いわばあてがいぶちの診療所での勤務であった。

しかし、今般、辰猪遺品の中に自筆の「無産者病院設立準備委員募集」（写真）が発見された。用心深く、小封筒の裏紙を使ったと思われるもの三枚で、そこには、医師の配置や、部落（集落）毎の農民組織の現勢や目標が書きこまれ、いわば病院設立の「目論見書」にあたるような内容などが記入されている。

中島辰猪が、農民組合（左派）の人たちと協力して最初から「設立計画」に参画していたと思われる。そのメモ書きには、

◇設立場所　印旛郡豊住村南羽鳥
◇地理　豊住村　人口２５００、戸数６００　組織農民（南羽鳥30、長沼50など）
　　　安食町　人口３５００、戸数９３０　内小農８割 組織農民（矢口30、酒直20、安食10）
◇豊住村南羽鳥を中心にしての見取図　久住支部成田20、滑河支部10

などと書き込まれていて、この地域の農村の特徴の分析、農民組合の趨勢、医師の配置数などの診療所経営に必要な事項が続いている。この時、中島辰猪の眼前には、「新しい診療所」の姿が拓けつつあった。

辰猪が、これほどまでに新診療所建設に入れ込んだのは、何よりも青砥・亀有へと続けてきた無産者診療所活動の経験と築きあげた実績（自信）を新天地でさらに試してみたい、という衝動では

なかったか、と私は考える。

そう考えたのには理由がある。この千葉県は、千葉医大時代に医学を学び「病院に来られない人を助けるため」というモットー（人生目標）を立てた地である。そしてこの「無医村」こそ、その目標のもっとも確かな「実験場」である。もっともやりがいのある地ではないか。

そして、さらに考察するに、辰猪の卒業直後の一九三〇年春ごろから千葉医大内に急進的な京成電鉄労働者と連携する共産青年同盟員数十人のグループが形成されつつあった（前出56ページ）。つまり、自らの「実践」を進めるうえで、自らの思想、行動に共鳴する医師集団が育ちつつあったことである。現に辰猪亡き後、長続きはしなかったが何人かの後輩たちがこの無産者診療所に足を踏み入れているのである。菱沼達也（一九一一・明治四四年、山形県天童市生まれ。父は開業医。旧制山形高校から千葉医科大学に入学—辰猪の卒業年、反戦ビラ配布で検挙され、一年間千葉刑務所入り。一九三二年全農全会派千葉県連書記・成田地区担当。以後二回検挙されたため運動から離脱）などもその一人である。

こうして千葉県印旛郡豊住村南羽鳥（現、成田市南羽鳥一三四五番地）に「北部無産者診療所」が開設され、そこが辰猪の最後の働き場所となった（「北部無産者診療所」が正式名称。大崎無診同様、各地の名称を冠した通称として「千葉北部無産者診療所」と呼称）。

◆医者にかかる時は「死ぬ時」か「死亡診断書」もらう時

いっぽう、この成田地域を含む純農村地域の農民組合と農民にとって、医者にかかるときは、「死ぬ時」か「死亡診断書」を書いてもらう時という「無医村」状態を解消することは切実な要求であった。さらには、農民組合の存在意義を知らしめる重要なシンボルでもあった。東京・葛飾の農民運動と結合した無産者医療運動の展開、その先頭に立って頑張っている地元、千葉医大出身の若き中島辰猪なる医師こそは、当面頼るべき最も確かな人物ではないか。こうして、彼我の条件がピタリと合致した。ターゲットは絞られた。

ところが中島辰猪医師はすぐには出発できないでいた。なによりも亀有無診を支えていた農民組合や患者たちの強い引き留め（反対）があり、さらには社内医であった日本紙業工場労働者からの強い慰留の声が上がっていたからである。そのために、最初に派遣されたのは金高満する医師（兼看護婦）である。辰猪が実際に週一回の診療を始めたのは九月からである。

その金高が見た豊住村とそこに根を張る農民組合の状況を記しておこう。

「北部無診の所在部落は、かつて流血の小作争議をやったところである。成田線の安食駅で下車して……、かなりの長丁場を歩いて一つの岡の上に出ると、赤旗がひるがえっているのが見えてくる。地区の農民はその一帯を「ソビエト地区」と自称していて、いっさい駐在巡査の介入をゆるさぬという気がまえをみせていた。かつての小作争議の時には、要所要所にピケをはり、千葉でかき集められた警官の大部隊をいち早くキャッチして警官隊の侵入に備えた。

子どもたちは伝令として走りまわり、石の武器を集めた。農民たちは、自分たちの子弟をブルジョア学校にかよわせせないと同盟休校させて独自の寺子屋式学校をひらき、東京から大学生が来て教えた。ピオニール（少年団—藤田㊟）に組織された子どもたちは革命歌をおぼえ、……小作争議で警官隊の襲撃をうけ、検束、投獄という経験を持っているのは亀有無診地域の農民も同様だが、ここの地域の農民は、農業形態の相違によるものか、青砥亀有の農民とはすこし違っていた。萎縮していなかったのである。組合支部長は、根本新治で、３・15事件で投獄されたことがある。」金高 105—6

豊住村周辺の農民組合は、これまでのたたかいの中で、地主の横暴を恐れず、村議会内に一定の影響力を持ち、すでに「農民自治」（農民コミューン）的な農村を作り上げつつあったのである。小作料は二割（千葉県内の平均五割）、納税にも一定の制約をかけたりする力をもちつつあった。冒頭に登場した野口ワカが書き記した、東京近郊の農民組合運動と「こんなにも違う……」農村に感嘆した現場であった。辰猪にとって「血沸き、肉躍る」ようなたたかう、抵抗する農民組合村が現出していたのである。

この根本新治が、無産者医療同盟千葉支部準備会の責任者でもあった。

そういう村々からの要請であった。すでに青砥・亀有と農民・労働者ととけ合って共同して診療所を1年にわたって護り、支えてきた自分の力を、弾圧を強いられながらも、いまもっとも戦闘的に闘っている農民と行動するために使いたい。そういう思いだったであろう。医療保険も無い、「病院へ来れない人たちを助けるために、自分は大学で学ぶ」と母タカと誓い合った、その誓いを果たす時が来た。

◆裸馬で往診、「お医者どん」は人気者

一九三一年八月、念願の農民による農民のための診療所が完成した。

中島がここを挑戦する新天地に選んだのは、困難だが楽天的にたたかう農民たちの姿であったであろうことはすでに見た。当時の診療所は、診療活動のかたわら、身の上相談、生活相談、その他あらゆることが持ち込まれてくる場所でもあった。

同行した看護婦、野口ワカが見たのは、歓迎する農民たちととけ合っていく中島医師である。野

口の回想は続く。

「これ以後たびたび出張診療したが、中島先生は自転車でいかれない山の中にも、裸馬にまたがって往診した。患者さんも朝早くから馬に乗ってやってきて『お医者どん、お医者どん』といって親しんだ。『先生さんは酒が好きだから』といって酒を持ってくる人、『おれたちがとったもんだ』といって、大きな生きたままの鯉をもってくる人など、先生の人気は大したものだった。

『おれたちを忘れないで来て下され』

都合でいけなくなると必ず患者さんから、おむかえがやってきた。中島先生の献身もさることながら、医療機関のない無医地区での、これは切実な願いでもあった」（『白の青春』131ページ）

辰猪遺品の「写真アルバム」によると、彼は千葉医大時代に「乗馬部」にも所属していた。その経験が役立つ時がきたのである。患者の家族は馬で中島医師を迎えに来る。その馬を借りて患者宅へ急ぎ往診する。その間、迎え人は診療所に待機し、中島医師の帰着を待つ仕組みであったろう（※）。こんな芸当は、当時、無産者医療運動のなかでも中島医師以外にはできなかっただろう。馬が救急車代わりの時代の困難な医療活動を彼は嫌がらず引受けた。

（※戦前、私の母方は中仙道屈指の難所・和田峠に近い樋橋集落で生活していた。救急搬送の仕組みのない時代であったので、急患が出ると、部落総出で患者を戸板に乗せたり、荷車に乗せて、一里半＝六㎞の中仙道を駆け下り街中まで運んでいた。それでも間に合わない場合は、迎え人が馬を駆って里に下り、待ち受ける医師―軍医上がりか、獣医がその馬で往診していた。）

こうしたことが近隣の評判になり、銚子や印旛郡各地から診療所開設の要望が出されてくるようになった。しかし、経営実態（採算）は取れていなかったのではないかと金高はいう。

診療所は、組合事務所を兼ねていたために、実際の患者数は不明であるが、二、三〇人だったようである。その上、盆暮れの支払いの習慣もあったし、現金でなくてコメなどを持ってくる農民も多かったという。そのやりくりは、小藤田操看護婦（兼産婆）が書記を兼ねて帳面付けをしていたという。

「医者への治療費の支払いが『せっき払い』つまり〝ぼん〟〝くれ〟に農産物で支払うという習慣がまだ残っていた農村で、北部無診がともかくも維持されたのは、農民たちの、自分たちの診療所であるという意識にささえられて守られていたからであろう。患者は一日に幾十人だったか忘れたが忙しいというほどではなかった。組合の活動家がたのまれた往診を診療所に持って来て、その人が自分では自転車には乗れない女医を自転車の荷台に乗せてあちらの部落、こちらの部落と山坂を越えて運んでくれるのである。……駐在が（巡査があとを付け回すので―藤田㊟）ちょっとでも姿を見せると、かれらは一喝して追い払う」金高 106。

◆診療所の灯を護った二人の女性

こうして中島の診療活動は、当初、週一回から始められた。亀有無診との掛け持ちでの出発であった。何よりも亀有無診側からの強い慰留があり、双方の医療活動を手がけるという離れ業であった。その留守を守ったのが看護婦の笹井寿江《ひさえ》であった。

そして念願の中島の常駐体制が九月から始まった。それを助けるために千葉県出身の小藤田操も常駐した。この二人の看護婦は幸いにも産婆の免状を持っていたから、若干の医療処置はできた。千葉県に提出された千葉北部無産者診療所の「開院申請書（1931・8）」には「医師1、看護婦2人、産婆1人」と記されている（成田市発行『図説・成田の歴史』年表の記述による）

当初の診療所設立計画に沿って陣容が固められていったのである。

ところが、中島辰猪は、千葉北部無診の活動が軌道に乗りつつあった二か月後の一一月一六日、後述するように東京江東無産者診療所設立労働者娯楽大会挨拶中に官憲によって演壇から引きずり降ろされ、冷たい留置場で病気を発症し、入院加療中に還らぬ人となった。

この間、大崎無診から辰猪の先輩の大栗清實医師などが交代で通った。

辰猪亡きあとの診療所は笹井寿江看護婦が護った。彼女はとぎれとぎれ派遣されてくる医師とともに各農民組合や医療同盟員の家々を回り、健康相談や応急処置をしたり、赤痢疫痢《せきりえきり》の予防注射をおこなった。

千葉医大の辰猪の後輩医師たちがこれに協力した。増岡は『民主医療運動の先駆者たち』の中で、その後輩は「鹿島某」、「福田某」ではないか、とした（増岡154）。今回、この指摘に合致する辰猪以降の卒業生の検索を行ない、その一人の鹿島は「鹿島宗二」氏（千葉県長生郡西村・現長南町）で辰猪と同年生。もう一人の福田は、「福田金三郎」氏（一九三二年卒）と特定された。二人とも周囲の圧力との関係もあり、二か月ぐらいの短い期間の協力で終わった。

さて、三二年六月、亡くなった辰猪の代わりの医師が来た。盟友、大崎無診の大栗清實医師である。「健康会ニュース」No.3（三二年六月）には「熱烈な同盟員の要望は遂に本部から医者を得、巡回診療を開始することになった。この巡回診療を通し毎日診療にまでなる様皆して診療所の盛立てに努力しよう」とそのよろこびが伝えられるが、大栗は大崎無診と掛け持ちで、しかも無産者医療同盟委員長の仕事も持っていて長続きはしなかった。

こうしたなかで、診療所に、この年七月に産婆部が設けられた。看護婦兼産婆の小藤田操が協力して、妊婦診断、分娩をおこなった（分娩料一円五〇銭、妊婦診察料一〇銭）。笹井と小藤田は母親たちを集めて産児制限の話や看病の仕方の講習をおこなった。こうした活動を助長するために健康会婦人部が作られた。小藤田の鍛えられた組織力が役立った。

そしてついに三二年八月五日、無産者医療同盟千葉支部の結成にこぎつけた。辰猪亡き後半年のことであった。

こうした前進を苦々しく思っていた官憲側は、当時、診療所のある豊住村周辺の先進的農民、青年の中に、共産党員が生まれ、「無産青年」の読者網が作られているのを内偵し、三二年一〇月一九日深夜、共産党千葉県委員会の拠点と目された「印旛郡豊住村の根本新治方」をはじめ隣町の安食町で会合中の「キャップ会議場」を急襲し、党の中心幹部の一斉検挙に乗り出した。ついで、二〇日未明、全県下での、総計五〇人に上る人々の総検挙を強行した。

この時、小藤田看護婦も検挙されたため、残された笹井看護婦が一人で診療所を護り、医師の派遣を待ちながらがんばった。それを支援する農民たちがカンパのコメ、農産物を持ち寄って来た。笹井がそれ活動家の根本孫一は砂糖や削り節を売ったり購買活動（消費組合）を組織して支えた。笹井がそれを手伝った。

この弾圧で医療同盟千葉県支部長の根本新治が検挙されたため、同年一二月三日、東京・築地小劇場で開催された第二回全国大会には、千葉支部を代表して笹井寿江が実質的責任者として出席して、千葉県の困難のなかでの実践の取り組みを次のように報告している。

「無産者診療所設立実行委員会の働きかけに依り本部より医師を派遣され、活動の結果、医療同盟の結成を見、六ヶ班に分かち活動中、主任医師が倒れた為（辰猪のこと―藤田注）大衆は診療所を離れんとする機運在り、為に班活動に基礎を置き、医師を欠けるが故に産婆を利用し、座談会等により、婦人たちの共同方策を為し、……。最近十、十一月弾圧を蒙り幹部を奪われたるも直ちに支部長を選任し、組織準備中なり」と。

診療所を支える多くの活動家が検挙されて、約一年、笹井は一人で診療所を護り抜いた。

その間に、「刈田《かんだ》アサノ（社会運動家、戦後、新日本婦人の会結成に参画、日本共産党衆議院議員）や黒田寿男（東大新人会、労農党。戦後、社会党員として農民運動）らが応援にときどき出入りした。」（増岡156。経歴は藤田㊟）二人とも岡山県の笹井の郷里に近い出身者である。笹井にとってうれしい、心強い応援団だったであろう。

しかし、多喜二が虐殺された年、三三年九月三日、最後まで残って活動していた笹井自身も検挙され、診療所はその幕を閉じざるを得なかった。百姓の娘、笹井は拷問に耐え続け、非転向を貫いた。

「特高刑事は、笹井に転向の手記を書けの毎日の意見を書けのとうるさくいってきたが、彼女は取り合わなかった。いなりビンタをくらったりしたが、彼女はついに書かなかった。笹井寿江の「楽しかってでなあ」という青春（時代の述懐—藤田㊟）はこういうつらい経験のなかを貫いてでていた」増岡156

◆辰猪の火を継ぐ

本章の冒頭に、私は「辰猪遺品」でも特別の価値ある「病院設立準備計画」を掲出した。そこには、各村落をさらに細かく分けた集落ごとの農民組合員数、病院（診療所）を支える準備委員数などが綿密に書き込まれていた。

中島辰猪は、都市近郊に近い青戸、亀有の農村地域方式では、医療活動は持続できないと考えていたのではないか。彼はしばしば成田方面に足を運び、そこから得た情報として、江戸川から利根川までの北総台地、常総台地の広大な地域では、従来の一拠点のみの体制では持続可能な医療活動は難しいと考え、地域集落単位の「診療所を支える組織形態」として、「地域班」を形成していく方針を持っていた。この方針は、無産者医療同盟の方針とも合致していた。診療所に就任すると彼は、各地域に「健康会」の組織化を始めた。

医療同盟千葉支部と農民組合、笹井、小藤田看護婦たちもこの辰猪の方針の具体化に協力した。辰猪の入院、闘病のあいだも休みなく、この方針の実践の先頭に立ったのは笹井、小藤田であることは前項で見て来た。二人は、辰猪の「計画・方針」の忠実な実践者である。

農民組合の活動家たちも同様であった。

辰猪死去四か月後の報告によると七班の確立、四班の準備会で一九四人の会員を擁するところまで前進する。この内、全農組合員は約半数であった。広範囲な農民を組織し始めていた証でもある（表参照）。

こうした運動は大きな波及効果をもたらし、銚子、印旛郡全域、茂原方面、さらには千葉県全域からも無産者診療所設置を望む声が高まった。官憲側は、辰猪亡きあとも前進する千葉北部無診の動向を注視していた。この村は一五年戦争をしかけ挙国一致の体制を作らねばならないと考える戦争推進勢力からみると「赤化村」である。「赤化村」の存在をそのままにしておくことは出来ない。

豊住村	南羽鳥班 40※	長沼班 35	北羽鳥班（準）25
安食町	矢口班 17		麻生班（準）13
久住村	荒海班 6		大竹班（準）15
八生村	宝田班 11		
滑川村	滑川班 12		
大森町	大森班 3		
安住町			龍角寺班（準）17

（1932・6・27「無産者医療同盟第２回拡大中央委員会報告書」
※千葉北部無産者診療所設置場所）

侵略戦争遂行の妨げになる、この村落の存在は、国家的プロジェクトの遂行の妨げになる。

農民たちからすれば無医村を解消し、小作料を減免し、生活改善、切実な農民要求実現のための共同体づくりになくてはならない組織であった。こうして豊住村とその周辺の農民組合、千葉北部無産者診療所が一躍注目されていくのである。この「抵抗の村」は、戦争遂行を進める国家の総力戦体制へと農民を総動員する側にとっては潰してしまわなければならない「標的の村」と化した。常軌を逸したそのすさまじい破壊攻撃は稿を別に述べたい。

◆診療所跡地と建物の行方

筆者は、かねて千葉北部無産者診療所の先行研究者であり、『千葉県北部無産者診療所』（本の泉社刊）の著書のある中小路純氏（成田市寺台在住）の案内で北部無診の現地調査（二〇一一年一二月二三日）をおこなった。

中小路氏によると、二〇〇六年五月当時、何人かの聞き取り調査を行った。当時はまだ、北部無診活動を見分していた人々が現存していたのである。前掲書によると、

▲跡地と現在

まず、建物のあった土地の現所有者の大貫つねさん（聞き取り当時、八九歳）は、「診療所の建物のあった土地の番地は、現在の南羽鳥一三四五番地です。桜の大きな樹がありましたが、今は伐って残っていません。当時の看護婦さんでは、小藤田操さんを覚えています。君津の出身でした。寅年の生まれです。

建物には旗が掲げられていました。……警察から降ろすように警告が来ると降ろし、帰るとまた上げるようだったように思います。

この地域は無医地域という訳ではありませんでしたが、近くに良い診療所がなかったので、この北部診療所にやって来る人も少なくありませんでした。」

次いで、根本治助さん（八九歳）「自分も診察してもらったこともあり、実際に診療活動は役に立っていました。少年団などもあり、活発に活動していました。農民組合（長）の根本新治さんが熱心に運動していました。」

さらに渡辺みよさん（八七歳）「診療所の建物は大貫さんの家の養蚕場だった家屋で、根本新治さんが買い取って診療所にしました。新治さんは材木関係の仕事をしていて木材が手に入りやすく、診療所の玄関脇に縦長の白い板で作った「北部無産者診療所」という大きな看板が立てかけてありました。貧乏の人からは無理に診療費を取るようなことはありませんでした。中島医師は、長い顔をした色黒で背が高い人だったと記憶しています。」

診療所の建物は根本廣さんが買い取り、コロを使って五〇《メートル》先に移動され、家屋の骨格は換えずに、元の萱葺きから瓦葺に葺き替えられて今日に至っている（写真）。二〇一一年一二月二三日の現地調査の折、筆者も根本廣氏にお会いしてお話を聞く機会をもった。

コラム　笹井寿江（ささい・ひさえ）

一九〇九（明治四二）年、岡山県御津郡長田村（現吉備中央町）の自作農の家庭に生まれた。至誠病院（東京女子医専の吉岡彌生校長経営の病院）で、産婆と看護婦の資格を取得した。小藤田操の指導で組合活動に参加したため馘首《かくしゅ》され、二〇歳の時、大崎無産者診療所勤務に。ついで、開設された千葉北部無診に派遣され、中島医師発病後、小藤田と協力して派遣医師を迎えての活動に従事した。

▲大崎無産者診療所時代（後列右端が笹井寿江）

笹井は、小藤田とともに産婆の資格を活かして、北部無診のなかに産婆部を設け、それがきっかけでその後の「健康会婦人部」づくりによって、農民女性の組織化と啓蒙をすすめ、部落を回っては産児制限の講習会などを組織した。

一九三三年九月三日、特高警察による弾圧、検挙をうけたため、千葉北部無産者診療所を閉鎖せざるを得なかった。三三年一〇月三日出獄した笹井は、特高の尾行付きで、郷里の岡山県御津郡の実家に送り返された。弟の実家に身を寄せ、農業を手伝いながら、「近所の人に強盗殺人者のようにみられ、子どもたちにも怖そうに見られ往生したわぁ」（談）に耐え、岡山に出て産婆や派出看護婦として働く。

戦後、一九五四年、金高満すゑが所長を務める倉敷市の水島診療所に勤務し、金高を援けて活動し、民医連職員として七六年定年まで勤務した。退職後、岡山市で没。

小藤田操（ことうだ・みさお。 姓の読みは、あるいは「ことだ」か）

小藤田は、一九〇二年、千葉県君津郡昭和町坂戸市場二六三二（現、袖ケ浦市）生まれ。木更津高女卒、東京タイピスト学校卒業後、千葉県庁などでタイピストとして働いていたが、特高課員との結婚を嫌って家出、東京女子医専付属看護婦養成所卒。至誠病院の見習い看護婦として採用され、全協参加の一般使用人組合員として、劣悪な待遇改善のたたかいを組織し、病院内に多くの看護婦を活動家に育てた。一般使用人組合から医務従業員組合が独立し幾つもの病院に組織拡大の任務を帯びて活動した。

中島辰猪が病気で倒れた後の一九三一年の終わりごろから北部無診に移り、産婆の資格を活かして笹井寿江とともに活動した。「一九三二年一〇月事件」で検挙され、釈放後、結核を発症、一九四二年死去。

千葉県国賠同盟発行の『特高警察が踏みにじった人々の記録——千葉県編』（次頁写真）には、小藤田操の活躍ぶりが随所に登場している。この事件は、一九三二年一〇月一九日、千葉県特高課長下村鉄男の指揮の下に、県下活動家の一斉検挙をさす。県内でも有数の活動家をもつ、豊住村近在の村落一帯にも急襲の手が伸びた。農民組合北部支部長の根本新治宅も対象とされたが、当日の組合の会合は、安食村矢口の戸羽才次郎宅であった。そこを急襲され、多数の農民活動家が検挙、留置された。その中にただ一人の女性、小藤田もいた。

治安維持法国賠同盟千葉県本部は、二〇二二年六月、かねて、同本部資料として保存されていた戦前の特高警察の原資料（コピー）を公表・復刻して出版した。この文書は、いわゆる、「一九三二年一〇月事件」と総称される千葉県警察特別高等課（特高）の「日本共産党千葉県委員会／日本共産青年同盟千葉県準備委員会検挙概況」で内務大臣に報告されたものの原本コピーである。

特高警察が
踏みにじった人々の記録
――千葉県編――
治安維持法犠牲者国家賠償要求同盟
千葉県本部発行

私は、この「青焼きコピー原本」は、戦前、千葉県下で農民運動を指導し、戦後は日本共産党千葉県委員会の活動に参加した小松七郎氏が入手し、一九七七年当時「千葉県民主運動史（戦前編）」（千葉県自治体問題研究所発行）執筆時に活用したものと推定している。

この中に、千葉県北部地域で旺盛に展開されていた、日本共産党の党活動についての特高警察の詳細な内偵文書が含まれている。この時期は、中島辰猪が千葉北部無診で活動を展開していく時期とほぼ同一時期に、全農全会派農民組合のなかに、共産党の再建活動が力強く前進していることを示すものである。この中に、同診療所で産婆兼看護婦として働いていた小藤田操が随所に登場している。小藤田については、これまで経歴不詳とされてきたが、かなりの程度に明らかにされているので紹介する。

「一、被疑者小藤田操は、木更津高等女学校および東京タイピスト学校卒業後、一時官庁にタイピストとして奉職せしが、昭和五年三月、東京女子医学専門学校附属産婆看護婦養成所卒業後は、産婆見習いとして東京至誠病院に勤務し、此間労働運動に興味を感ずるに至り、遂に日本労働組合全国協議会一般使用人組合に加盟後、昭和六年八月、東京府下大崎町無産診療所に産婆として雇われ、同年九月、印旛郡豊住村北部無産診療所に転じ、現在に至れるものの処

二、昭和六年十二月下旬頃午後五時頃、印旛郡安食町北辺田地先道路に於て、石橋広吉より日本共産党加盟方勧誘され、之を承諾し、

三、被疑者小藤田操は、昭和七年一月初旬頃、印旛郡豊住村南羽鳥北部無産診療所に於て、石橋広吉より、日本共産党千葉県委員会北部無産診療所内フラクたるべきことを任命され、之を受諾し

四、被疑者小藤田操は、日本共産党（10数字判読不能）頃印旛郡安食町税金闘争事件に関し、農民組合員が成田警察署に検挙されるや、之を貰下の為と称し、組合員女房数十名を引率して、成田警察署に押寄せ、以て日本共産党拡大強化の実践運動をなし……、以下略」（カナ文字は、ひらがなに変換して記述）

付記　この「検挙概況」を今回の著作に紹介するにあたって全文をつぶさに点検したがこの「特高文書」のなかには、中島辰猪は記録されていない。つまり、共産党員ではない辰猪を安易に巻き込まないように、彼の医療活動を保全していく周到な用意がされたものであったことがうかがわれる。

第8章　辰猪志なかばに逝く

◆暴圧と病魔に斃れる

昼夜を分かたずに活躍する辰猪に災厄がふりかかった。

千葉北部無診の活動が軌道に乗り始めた頃の一九三二年一一月一六日、辰猪は定休日を利用して「江東無産者診療所設立準備会の労働者娯楽大会（※1）に招かれ挨拶を行った。その時、臨監の警察官から「弁士中止」をくらった（※2）。剛毅な辰猪は、それに黙せず二言、三言、さらに発言を続けたため、その場で検束されて両国署に留置された。

※1　江東無産者診療所は、翌三二年六月、東京・錦糸町近くに同盟員二五〇人で設立。主に大崎無診から橋爪廉三、鈴木貞子医師などを派遣して診療を開始したが、弾圧によって活動できた期間はわずか1か月間余であった。

※2　当時、治安警察法で、種々の集会は「届出」が必要であった。サーベルを持った警察官が「臨監」と称して、演壇近くに陣取り、演説内容をチェックし、内容によって、サーベルをドスンと床に鳴らし、

「弁士注意」、

↓それを聞かない場合は「弁士中止」、

↓さらに続けると「解散」を発動し、

次から次へと検束するのを常とした。聴衆の憤激おさまらず、どこの会場でも「もみ合い」「乱闘」になった。主催する側も、こうしたことを想定し、弁士は何人も用意し、「諸君！」――弁士中止、すぐさま次の

弁士が「ただ今から集会を開きます」——弁士中止、用意されていた次の弁士が、「……」と続ける状況であった。昭和期に入ると、演説会場、会合等が次々と解散させられるため、大事な会合は、あらかじめ「官憲の出席のない別の場所で会合を開き」、当日はセレモニー的に開催するなどの工夫をした。配布文書の内容を事前チェックし、「墨塗りを命じたり」、没収したり干渉してくるのを常とした。戦前の民主的な諸運動の文書類が主催者側の手に残らず、特高警察側にのみ「存在」するなどしたのはこうした経過からである。

辰猪は千葉で昼夜を分かたず献身的な激務を続けていた。激務に疲労していたのに加え、コンクリートの冷たさがひびいたのか、翌日、釈放された直後の正午ごろ盲腸炎（虫垂炎）と見られる腹部激痛を発症した。三〇数時間後の一七日夜、昔の勤務先の同愛記念病院で緊急手術を受けた。その後の状況を「同盟ニュース七号」の橋爪廉三医師の「医学上より見た中島同志の死」から要約して見よう。少し長くなるが、医師側からの正確な所見を記しておきたいし、辰猪が受けた病院側からのその後の理不尽な対応を永く記憶にとどめたいからである。

「……発病後約三十余時間で虫様突起《モウチョウエン》切除術の手術を東京同愛記念病院で受けたのであるが、特異なことには、手術前五時間ほど前に約二十分に渡る悪寒戦慄があったことだ。手術は外科医局長によって……手術後、解熱思わしからず、遂に約四、五日後に手術創は蜂窩織炎状に化膿し、排膿の余儀なきに至った。この頃より上腹部に圧痛現れ又毎日一回の悪寒発作ある様になった。

ところが十二月中旬に至り何故か三浦同愛病院長は中島君の退院を命じて止まぬ為、中島君は約三十八度余の発熱と沍寒《ごかん》ありしに拘らず、遂に尚衰弱と意識不明の発熱を持ちながら拾二月十六日退院せざるを得なくなくなり、亀有（無診―藤田㊟）への遠路を揺られて帰った。これが為俄然翌日より、高熱となり、熱は三十八度を上下し、悪寒戦慄と胃部の圧痛は随時随所に此れを苦しめるようになった。食欲は全く欠如して衰弱が日に日に見えるようになり、それから一進一退の日が一カ月続いた。……一月中旬より二回の輸血を行った。その血液は皆亀有農民の処で中島氏に捧げたものであった。」

その間、外科的手術がなされなかったのは、七人の医師の診断でも病因が不確実であったこと、東京市内への長距離搬送に耐えられないと考えられたことでもあった、と橋爪は述懐する。亀有無診の二階では、赤城（高島あき）看護婦がつきっきりで看護に当たった。辰猪は高熱と疼痛でのたうちまわり、赤城に辛く当たることが多くなったが、彼女はじっと耐えて看病を続けた。こうして一カ月が経過して、病状がさらに悪化したため、

「（一九三二年）一月二十四、五日に至って、胃部の疼痛増加し、且つ膨満あり、慢性の癒着性腸閉塞の症状を呈してくるのではないかと疑へるに至った為即刻再び同愛病院に入院した。……同愛病院入院後も約十日間診断確定せず、二月×日至って横隔膜下膿瘍の診断が下され医長執刀の下に手術を行ったが病気はその結果、多発性肝臓膿瘍と確定され、殆ど絶対的絶望の病気であることが解った。手術前後に三回の更に三回の輸血が行われ、然もそれは全部医療同盟の看護婦諸姉によって捧げられ……た。……が然し遂に中島君は二月十二日午后十時吾らの無限の遺憾の中に長逝した。死後遺書により解剖された……」

ときに中島辰猪二七歳、どんなにか生きたかったことか。どんなに待ち望んでいる農民、勤労者

の許へ還りたかったことか。

病魔と治療の手遅れが志なかばの生涯を断ち切ってしまった。その絶命時刻はこれまで「午后一〇時」とされてきたが、親族提供資料の「除籍謄本」により、午后一〇時五〇分と特定された。

「昭和七年弐月拾弐日午後拾時五拾分東京市本所区横網弐番地に於て死亡同居人山下高子届出……死亡通知書東京府南葛飾郡亀青村長」

亀青村は現在の葛飾区。本所区横網町は同愛記念病院（現墨田区）。辰猪が大学卒業後、耳鼻咽喉科医局に入局した最初の勤務先である。山下高子は母タカさんである。同居人としての届出である。或いは病気発症後上京して看護婦高島あきとともに看病に当たっていたものと思われる。

◆なぜ「強制退院」か

辰猪が重篤にも拘らず、なぜ「退院」を強制させられたのか。これまで諸説がある。

千葉北部無診に最初に同行した看護婦、野口ワカは「暮れのボーナス期に、中島先生が入院していると、従業員がアジられると思った同愛記念病院の経営者は、化膿している先生を無理に退院させた」（『白の青春』131ページ）

「千葉医専（千葉医大―藤田㊟）出身の先輩か同愛記念病院の誰かが『中島のような非国民は死んだ方がよい』と口走った由」（増岡 161ページ）

ほっておけば手遅れになり死に至る重篤患者、しかもかつての同僚である。「退院」を命じた院長の意思決定を根拠づけるには、これらの説は少し弱すぎる、と私は考える。前途有為の青年医師を見殺しにするに等しいこの「決定」は、かねて中島辰猪の「医療は万民のもの」との旗印を掲げて献身的な医療活動を行い、それがために葛飾周辺の人々から赤ひげ先生と呼ばれ、民百姓、貧しい労働者・勤労市民の結束のよりどころとなり、さらに千葉県農村部での農民を団結させていく守護神のような役割さえ担っている青年を「抹殺」するに等しく社会的批判に耐えられない行為であった。

治安維持法弾圧が猛威を振るっていた時代、同法の絶対反対を貫いていた山本宣治労農党代議士をはじめ多くの国民が反対していた「目的遂行罪」が付加された一九二八年以降に入ると、弾圧の対象は共産党員だけでなく、民主的な思考者や志向する者に官憲が目を光らせて、その判断一つで検挙・留置して弾圧を加えることができるようになり、無産者医療運動にも対象が広がってきていた。

中島辰猪は、これまで見てきたように、農民や労働者の争議の現場に入り、暴力団や官憲の弾圧で傷ついた人々の救援・救出に身をていしていた。青戸でも亀有でも、周りの農民組合員から「先生は警察から目を付けられているから注意を」と、活動を控えめにするよう懇請される場面を読者はすでに見てきた。辰猪が目立ったのは、背丈がズバ抜けて大きかっただけでなく、「この不条理の現場にいて黙ってみていられない」という正義感、ヒューマニズムに裏打ちされた已むに已まれぬ行動であった。農民や働く人々への辰猪の連帯感と何よりも困難にたじろがない医師辰猪の行為を、官憲側はつねづね快く思っておらず、弾圧の機会を狙っていたと思われる。江東区の無産者診療所設立への準備会集会での辰猪挨拶の「抗弁」を官憲は見逃さなかった。

かねて農民運動や労働組合運動を援ける立場を鮮明にしていた無産者医療運動の「東」(※)のキーマンの一人、中島医師を「要注意人物」の対象としてマークしていたであろうことを背景に考えれば、「退院強要」を三浦院長に迫り、決断させた力の強大さを実感できよう。官憲側の「圧力」が辰猪の「強制退院」を促したに違いない。この後見る追悼会場を圧した参列者の憤怒の声は、ただその一点をさしている。

（※西には、大阪三島無診で活躍する若き加藤虎之助がいた。人々はこの二人を親しみと尊敬込めて「東の中島、西の加藤」の愛称で呼んでいた―藤田㊟）

そこには彼亡きあと、千葉北部無産者診療所の拠点であった豊住村の農民運動を「共産村」に仕立て上げ、それを「標的」にし、国家権力を総動員して侵略戦争に協力する「更生村」に仕上げていった者たちの意図が透けて見える。

◆永訣――同志の称号もちて

中島辰猪との告別と葬送は、死去三日後に彼にとって無産者医療運動の出発点となった葛飾の亀有無産者診療所で行われた。診療所を数十人の亀有警察署警察官が取り巻くという緊迫のなかであった。辰猪の死を悼み、訣れを惜しむ人々が会場からあふれ出ていた。

その模様を「医療同盟ニュース」第七号＝故中島同志追悼号（一九三二年三月一日付）は次のように伝えている。

「弔辞・弔電の雨を浴びて故同志中島の追悼会盛大に行われる!!」

二月十五日午後四時都合により二日早めて故同志中島の追悼会は市外亀青村亀有無産者診療所で行われた。来会者は六十数名に上がり会場に溢れた。祭壇（写真参照）には同志中島の赤旗に包まれた骨（特に家族の方より分骨された）と写真が真紅の旗の上に、赤い星とハンマーとほんものの鎌がその上に、全農東京府連の組合旗と花輪が両側にと言う風で全くわれわれの追悼会だけあって坊主臭い形式ばったのとはまるで違う。

司会者挨拶　弔詞弔電読上　黙祷　焼香
家族答礼　故人追憶　閉会の詞

と言う風に進められた。その間泣く人有りて憤激と悲しみの雰囲気が漂っていた。又絶えず同志中島を検束したその敵、同志中島をこの世から奪ったその敵に対する、そしてブルジョア医療制度に対する一すじの強い闘争の決意が場内に漲っていた。

家族の人の出席者は同志中島のお母さんと弟さんであったが、さすがに同志中島のお母さんだけあって涙一滴も落さず、しっかりして居られた。吾が同盟に非常に感謝され金一封を吾が同盟発展の為に基金として送って下された。故郷にて本葬が行なわれたがその折は同盟本部より弔詞弔電を送った。

(引用は、「医療同盟ニュース」第七号原文によった。ここに登場する中島辰猪の母はタカ、弟は山下敏、実弟である)

▲追悼式祭壇（当日、プロ・フォト＝日本プロレタリア寫眞家同盟撮影）

追悼会では、辰猪の先輩であり盟友である大栗清實が落涙くだる「弔詞」を捧げた。

弔詞

同志中島辰猪君

日本無産者医療同盟本部は、全国各支部、各診療所及び各準備会を代表し今君と永別するにあたり、吾が同盟に対し特に亀有、千葉両診療所に於ける君の功績に対し満腔深甚の敬意と感謝を捧げるものである。君今やこの世になし。君は既に白骨となってゐる。だが君の残した記念の事業は断然活きてゐる。

同志中島辰猪君

吾が同盟本部は君の死をただ単純な病気とは夢にも考えてゐない。あの暴圧に依って君の生命は全く犠牲にされたのだ。

君は吾同盟の拡大強化の為めに一身を与へたのだ。

しかも君は最后の一息を引きとるまで吾同盟と君の部署を片時も忘れなかった。

吾々は最早泣かない。いや断じて泣かない。吾々は敵を憎む。吾々は心から憤激してゐる。

吾々は只、決意を告げ得るのみだ。吾が同盟をして拡大強化せしめることこそ君から最も喜ばれる、君を記念する唯一の道と確信するものである。

同志中島辰猪君

今君の追悼會を遂行するにあたって吾々は声高く叫ぶであろう。

ブルヂョア独占の医療制度絶対反対だ！

プロレタリア医療制度を確立せよ！

同盟の拡大強化を以て同志中島君を記念せよ！
一九三二年二月十五日
日本無産者医療同盟本部　代表　大栗清實

追悼会に弔詞弔電をよせられたる団体・個人名

◆医療同盟技術者団、大崎無産者診療所、大崎無産者健康会、亀有無産者診療所、亀有無産者健康会、北部無産者診療所、北部無産者健康会、岳北無産者診療所、岳北無産者医療組合、医療同盟大阪支部、三島無産者診療所、医療同盟横浜支部準備会、江東無診準備会、秋田医療利用組合
◆日本労農救援会準備会、日本赤色救援会
◆日本プロレタリア文化聯盟、日本プロレタリア作家同盟、日本戦闘的無神論者同盟、日本プロレタリア美術家同盟、日本プロレタリア演劇同盟、日本プロレタリア映画同盟、日本プロレタリア寫眞家同盟、プロレタリア科学研究所
◆関東消費組合聯盟東京〇〇消費組合（二字不明）
◆全国農民組合東京府聯合会、全農山梨県聯郡内地区協議会、全農千葉県聯豊住支部青年部
◆日本紙業従業員一同、日本土木建築労働組合東京支部江東橋紹介所班、淀橋労働者一同
◆秋田雨雀、河上肇、新田目俊子、平田良衛、新井輝子
（「同盟ニュース」：掲載の団体・個人の順序は入れ替えることなく、著者の判断で団体種ごとに◆で表示して掲載した）

このリストに著名な秋田雨雀と河上肇の氏名が記録されている。二人とも日本を代表する思想家であり、とりわけ河上肇は今日でも知らぬ人のいないほどの高名なマルクス主義経済学者である。くしくも、辰猪が千葉医大時代に河上肇の監修になる学習テキスト二冊を学習していたのを想起されたい。河上が辰猪に弔意を表したことに代表されるように、早すぎた中島辰猪の死を惜しむ人々を代表していた証左であろう。

◆なお、遺族（山下タカさん側）に在学校同窓会や所属部から弔詞・弔文が送られている。「辰猪遺品」によると左記の各位からの弔詞・弔文が届いている。いずれにも辰猪の若すぎる長逝を惜しみて余りある文面が綴られている。ここにも辰猪の人柄が偲ばれるものとなっている。

①五高同窓会長武藤虎太
②千葉医科大学学友會會長医学博士高橋信美
千葉医科大学昭和五年度卒業生一同、千葉医科大学文藝部、同漕艇部

なお、金高満すゑは、『根っこは枯れず』の九二ページで「盛大だった医療同盟葬に身内から一人の参加もなく、遺骨さえ引きとられなかった」と書き記しているが、明確な誤記である。この本は、東京民主医療機関連合会の機関紙「東京民医連」に掲載されたものがベースとなっている。連載中に読者のどなたもこの内容の誤謬に気付かなかったのであろうか。事実はこれまで見てきたように、母タカさん、実弟山下敏氏が参列し、「分骨」を葛飾の地に遺し、無産者医療運動への協力申出をされていたのである。

当時、金高氏は「地下活動に入っていて」、警官隊のとり巻いている告別・追悼会の会場には出ら

れず、半年後に赤城（高島あき）の案内で、「中島辰猪ここに眠る」白木の墓標に墓参している。惜しむらくは、金高氏は「医療同盟ニュース」七号「故同志中島追悼号」（本書・口絵写真）に目を通す機会はなかったのだろうか。その紙面には、明確に母と弟の参列が記されている。

◆母タカ、実弟敏の礼状

▲実弟　山下敏氏

辰猪の葬送・告別追悼会に参加した母タカと敏の二人は、愛媛県宇和島在の立間村に帰郷した後、日本無産者医療同盟本部に二月二九日付で礼状を寄せている（「医療同盟ニュース」第八号（一九三二年二月二九日付）。

「……短気で不束者で御座いましたが、只皆様と御一所に仕事をさせて戴いた許りのご縁で斯くまでご懇切に御世話下さいまして親族近所の者一同感涙の外は御座いません……若し当地方付近に支部御設立の御座いましたら及ばず乍ら奔走致す決心でいますから御命令下さいましたら奔走の労を惜しみませぬ」

それから九〇年余の星霜、「ご下命は無かったが」、辰猪の母はこの「約束」を守り、「辰猪遺品」を次男、孫へと継承させ続け、辰猪らが掲げた「医療は万民のもの」の旗を継承し、戦後の「無差別・平等の医療」をめざす壮大な運動の担い手の人々の手に渡される時を迎えた。

◆辰猪、葛飾の地に還る――野辺の花絶ゆることなく

青砥亀有農民組合長・上原倉蔵は、中島辰猪の人柄をひと一倍愛し、信頼していた。告別と追悼会のあと、上原氏の申し出により、中島辰猪の分骨を彼の菩提寺である葛飾区の法問寺の上原家墓地に葬り、そこに墨痕鮮やかに**「亀有無産者診療所医師中島辰猪之墓」**と記した白木の墓標を建て、この地に本籍を移してまで愛着した辰猪を親族同様に受け入れた（中扉写真参照）。

その行為は、この地を、この地の農民を、この地の勤労者の命を護り、「医療は万民のもの」の旗を高く掲げ、同志として心かよわせあった中島辰猪を末代にわたって遇するものであった。この人らあって、辰猪はこの地に名を残し、忘れられない人として生き永らえることができた。

戦前の治安維持法下の弾圧のもとで、上原家一族の人々はもとより、農民や勤労市民は折あるごとにひそかに墓地を訪れ、香を焚き、野辺の花を手向け彼の徳を称えた。

前出の金高満すゑは、次の様に証言する。

「弾圧につぐ弾圧で、昔の医療関係者でおとずれる者もいなくなった一九三五年、地元の人々、老人たちが三年忌の法要を営んだあと二十五年、追悼会は絶えていた。しかし決して忘れられていたわけではなかった。法問寺に墓地を持つ昔の農民組合の人々、無産者診療所ゆかりの人々は、自分の家の墓に参るときには必ず中島医師の墓（上原家の家族と同じ小さな石の墓がたてられている）に花をささげ、線香をたいてその冥福をいのっていたのである」［金高］92―3

◆晴れて戦後に――「中島先生之墓」建立

この顕彰活動を戦後に引き継いだのは、辰猪を無産者医療運動の後継者に迎え入れた藤原豊次郎である。藤原は、中島辰猪とともにあった時代を忘れずに、戦前の困難な時代も隣接の千葉県市

川市で医療活動を続け、戦後の解放を迎えた。そして一九六〇年、安保反対運動の高まりのなかで、戦前の医療関係者も参加しての中島辰猪法要と「語る会」を催した。

ついで翌年の六一年春、三三回忌法要が執り行われた。六五（昭和四〇）年四月一八日、日本国民救援会葛飾支部の手により、法問寺境内の本堂前に御影石の立派な「中島先生之墓」が新たに建立された。今日の墓標である（本書3ページ写真）。

没後八〇年を迎えた二〇一二年二月一〇日、日本国民救援会葛飾支部はじめ多くの民主団体の共催になる追善供養が法問寺において催された。

法問寺二十二世然誉智祐師は、「表白」をもって、

「本日俗名中島辰猪師没後八十年を迎え、深く故人を偲ぶ者相集いて、恭しくみ仏の尊前を荘厳し、一心清浄の丹誠をぬきんで解脱追悼の白善を修す。

先師は明治三十七年六月二十三日九州大分にて生を受け、昭和七年二月一二日、齢二十九歳にして惜しまれながら逝去さるる。師は医療は万民のものであるという信念のもとに困難なる無産者診療所の医師として労働者・農民の診療に生涯を生き抜き、人民救済の先駆者として師の思想は今も脈々と守り継がれている。

兼ねて本日参詣聴聞の輩、ここに衆縁和合の尊さ、生かされる法縁の有難さを忘れず追善の誠を捧げ、中島辰猪霊位の得脱を念じ、仏果の円満を祈る所以なり。」

と追善の言葉を述べられた。

※表白とは「真心込めて申し述べること」の意。この時点での私たちの知見では、辰猪は大分県生まれとしていた。享年は二九歳とされていた。

◆『野葡萄の蔓――戦前、無産者医療に生涯をかけた青年医師　中島辰猪』の発行

その直後の二月一六日、かつて辰猪が勤務した亀有無産者診療所近くの「亀有地区センター」で、中島辰猪没後八〇年記念集会が開かれ、葛飾・足立区内外から一四〇人を超える人々が参加した。集会は、「医療を国民の手に！ 中島辰猪医師没後八〇年記念集会実行委員会」に結集した東都保健医療福祉協議会、健和会、葛飾健康友の会、葛飾医療生協、日本国民救援会葛飾支部、治安維持法犠牲者国家賠償要求同盟葛飾支部、日本共産党葛飾地区委員会が呼びかけ団体となって開かれた。

男性コーラス「フォルテ」の小松伸哉さん率いるグループの皆さんが「南葛労働者の歌」などを力強い歌声で響かせ、東都保健医療福祉協議会の増子忠道議長の挨拶を兼ねた講演、中島辰猪の調査、研究を手がけてきた藤田廣登による記念講演が行われた。

この二つの講演は『野葡萄の蔓――戦前、無産者医療に生涯をかけた青年医師　中島辰猪』に収録して発行された。タイトル「野葡萄の蔓」は、中島辰猪の旧制第五高等学校時代の詠歌「水乏しき川邊に立ちて野葡萄の蔓を引きたり故里に来て」から取られた。野葡萄の花言葉は「人間愛」。辰猪の医療活動の原点ともいうべきものとして選んだ。題字は葛飾区在住の書家、野島光三郎氏（当時一〇一歳）の揮毫《きごう》をいただいた。本書は一五〇〇部が普及され反響を呼んだ。

さらに同年五月一一日には法問寺・鈴木智祐師のご厚意により「中島先生之墓」真後ろに墓碑銘板の建立除幕式が行われた。墓碑銘には、

「二十九歳の若さで
輝かしい人生を終えた
中島辰猪先生を偲んで
ここに碑を立てる……

いま先生はこの地に眠る
先生の思想は
今も脈々として守り継がれてゆく……」

と刻まれている。

この墓碑銘板の建立によって、来寺の方々に、中島辰猪の業績をより精確に伝えることができるようになり、以後毎年絶えることなく、二月二二日祥月命日の墓参会の拠りどころとなっている。

補論・解説

戦後の「農地改革」（戦前の農村支配の半封建的な寄生地主階級の崩壊）以降に生まれた方々にとっては、戦前の地主支配・小作制度と農村での激しい流血の小作争議などについてはなじみの薄いものであろう。

私など、信州南信の寒村に育ち、祖父や父たちの「年貢米」（小作料五割物納）を積んだ荷車の後押ししながら、地主邸宅の大きな門をくぐり、広い庭に米俵を積んで土下座をして、地主のお出ましを待つ手伝いを経験した者からの若干の「解説」を付しておきたい。

その理解を頂けたら、中島辰猪はじめ同行の看護婦の皆さんの活動の大変さがどんなものであったか得心がいくのではないかと思うので、若干の「解説」を試みておきたい。以下は、小松七郎氏の『千葉県民主運動史―戦前編』を参考にさせて頂いた。

明治革命は「不徹底」におわり、わが国を統治する全権限を天皇が握るという「天皇絶対の専制支配」（科学的社会主義理論では「絶対主義的天皇制」という言葉で表現される。主権は絶対的権力者・天皇にある）におかれ、農村では、小作人から小作料をとって農民を支配する地主制度（これを「半封建的地主制度と呼ぶ。

「半」は半分ではなく、「なかば」と理解したい。その大半は「寄生地主」であった）――地主階級は、自らが農業の資本主義的経営をやるより、小作人に農地を貸し付けて高率の小作料を現物で取り立てて、それを売って地租を金納し、その差額をため込むほうがはるかに儲かったため、小作人・小作料に寄生していく方途を選んだ。科学的社会主義でいう「寄生地主制」という用語のゆえんでもある。この農村支配力は、地主の冠婚葬祭時などに無報酬で使役に出るという仕組みを残した。これまた「封建的身分制度・隷属関係」＝科学的社会主義用語でいう「経済外的支配」まで伴うものであった。

また、一方では、わが国の戦前は、独占資本主義に到達し、労働者の無権利と激しい搾取とによって肥え太っていく過程であった。こうした権力の特徴は、近隣諸外国には野蛮な侵略戦争を仕掛け、国民には無権利と、女性に人権を認めない絶対差別、抵抗するものには野蛮な弾圧を加えるという「性格」を持っていた。その法体系が「治安維持法体制」というものであった。（多喜二も伊藤千代子もその弾圧とのたたかいの途上、虐殺、獄死を強いられた。これらの人々に、わが国は主権者が天皇から国民に代わった今日も「謝罪も賠償しない」人権後進国のまま世界の趨勢に反して「孤児」となっている。）

こうした農村での、闘いについては、一九二八年の第一回総選挙で労農党代議士となった山本宣治と京滋の人々のたたかいを描いた映画「武器なき斗い」（「闘い」の旧字体が「斗い」）をご覧になった方々は、「小作料減免」「土地取上」「立毛差押」「立入禁止」などの「用語」について、映画のシーンを通じてある程度の理解や想像をすることができよう。また、この第一回男子普通選挙の時、伊藤千代子が、東京女子大への月謝を寄付して、小林多喜二らの待つ小樽・札幌・後志地方に候補者・山本懸蔵を送り出した苦悩のシーン「わが青春つきるとも」も記憶に生々しい。

「小作料減免」要求は、小作料（通常五割、つまり江戸時代の五公五民）を減らす、とりわけ凶作の年には免除を求めるもの。「土地取上」は小作料の払えない農民の土地の強制没収。「立毛差押」は生育中の作物

	香取	長生	夷隅	印旛	山武	君津	匝瑳	安房	海上	東葛	市原	計
大正10-1921	12	2	2	2	3	2	1	1				25
大正11-1922	5	2	2	**豊住村 4**	8	2	1	3				27
大正12上半期			10	3	3				1	2		19
大正13-1924	4	1	4	2	1				1	4	1	18

（「県下部長会議資料」による）

を勝手に差し押さえる。「立入禁止」は、仮処分申請などして農民の貸し耕作地への立入りを禁止する、ことを表現する言葉である。映画「武器なき斗い」で、この「立入禁止」処分に動揺する主人公を励まして、組合員全員の手で稲苗を植え付けるシーン、それに襲いかかる官憲隊との壮絶なたたかいのシーンである。

　これに抵抗する農民（小作人組合員や後の農民組合員）に対して、地主側は、暴力団を雇って脅かし、争議団への襲撃を常とし、しだいに抜剣した官憲の介入とのつばぜり合いとなるのが日本中どこでも日常茶飯事であった。

　中島辰猪らが傷ついた農民の救援のために駆けつけたのはこうした現場である。前にも紹介したように「こんな不正義、不条理を許すわけにはいかない」という、現場である。

　昭和初年代の千葉県の農民たちも同様の苦闘をしていた。戦前の千葉県では、農民ではあるが、自分の耕地を所有せず、地主の耕地を借り受けて耕作する「小作農」、若干の土地を持つが生活できないため地主の土地を借りて耕作する「小作兼自作」「自作兼小作」が農業人口の約七割を占めていた。

だから、千葉県では横暴な地主との闘いは、日常茶飯であった。その前哨でもある小作争議は、全国でも群を抜く激しいものであった。

　こうした経過を経て、一九二四（大正一三）年三月、印旛郡豊住村（現成田市）北羽鳥で小作争議をへてつくられた農民組合が日農支部となった。この勢いは止まらず、印旛郡＝八街町西部、第一、榎戸、文違（ひじかい）。久住村、本埜村（現印西市）、白井村、大森町（現印西市）。香取郡＝香取町（現香取市）。山武郡＝二川村（現芝山町）、千代田村（同）。東葛飾郡＝土村（現柏市）。夷隅郡＝東村（現いすみ市）などの町村に一三の支部が結成された。こうして、一九二五年三月二〇日、印旛郡公津村（現成田市）の佐倉宗吾ゆかりの宗吾霊堂で日農千葉県連第一回大会が開かれた。官憲の妨害で、境内が使用できず、付近の遊園地に移動して開催した。その後、青年部も結成され、次いで政党支持の問題に端を発して右派による、政党支持自由派（左派）の排除の中で、日農県連を守って四〇支部、組合員九八〇人を擁してたたかいを持続させた（分裂を策した全日農は六支部、三八八名）。

▲『戦旗』表紙　1929年5月号

　こうした農民組合のたたかいでは、土睦村（現長生郡睦沢町）、東村（現いすみ市）、八街・大鐘地主争議、三山ソビエト争議（二宮町三山・現船橋市三山町）などの争議が注目される。

　とりわけ、一九二四年から二九年までの五年間の長い闘いとなった土睦村（現長生郡睦沢町）の争議は、小作料の五割引き下げから出発し、供託米の引き渡しを求める地主組合との激しい闘争のなかで、小作料の差押え、土地取り上げ反対などと多面的な要求に発展、その闘争形態も、法廷闘争、農民大会、デモ、学童の同盟休校・農民学校の開設、少年行商隊、赤色少年団（ピオニール）の組織化など多彩な活動を展開した。この活動は、『戦旗』本誌と付録『少年戦旗』（一九二九年五月創刊号）でも紹介され、全国的な反響を呼び、応援が行なわれた。

　この経験をその後に引き継いだのが、豊住村の全農組合の活動家たちであった。彼らは、農民組合の基礎づくりの一つとして「無医村」であった豊住村に、東京葛飾周辺で実績をかさねていた無産者医療運動に着目した。

この間の、青砥無診の設立時の当初の候補地、国分村曽谷（現市川市）を振り出しに、千葉県と全農本部

よ」の一點張り、あんまりしつこくきくので遂には「知らねえつたら知らねえつ」と吐鳴りつけられ、署長すつかりテレてしまひスゴ／＼署内に引込んでしまつた。かゝる闘爭を通じて我少年諸君は益々訓練された。そして三月十日の行商には遂に捕縄を乗り越ては進軍し一人の検束者も出さずに目的を充分に貫徹することが出來た。

★土睦村爭議に於ける少年行商隊

この鐵火の試練に依て兒童個々のみならず、その組織は全く確立した。現在では農民學校禁止の×壓にも何等の動搖を受ける處か、直ちに農民組合少年部を組織し、傳令に、ビラ撒きに、スパイの目付役に、或は検束者奪還鬪爭に参加するなど益々大人も及ばぬ活躍を示してゐる。又八方から爭議團へ寄贈さる物品の配給を受持つたり、少年スポーツ團を組織してデットボールに未組織少年を狩り集めて訓練するなど、今では組合にはなくてはならぬ重要なものとなつてゐる。

五　農民學校及少年行商隊の及ぼした影響

農民學校は三月十一日終に官憲の×壓に依て禁止された。それが小學校令違反による閉鎖命令でなく治警法によつてゞあることが、いかにこの階級的訓練に支配階級が恐怖したかを最もよく物語るものである。

農民學校の組織的訓練は種々なる方面に大なる影響を與へた。就中顯著なものは爭議團の結束に就て異常なる効果をもたらした事である。實に今回の土睦爭議は小供にアヂられて大人が憤起したと云ふてもあまりに過言ではあるまい。いろ／＼の事を教へられて家庭に歸つた小供が、不安に沈んだ祖母などをどの位しつかりさせた事だらう。殊に二月二十六日、第一回總検の時「小供迄検束された」といふのが爭議團の憤起にどの位役立つた事だらう。その爲に果敢なる官憲鬪爭が行はれ、×長が料亭から逃げ出す迄、徹底的にやつゝけるも事も出來た其後に於ても、大衆動員が充分にきく様になつたのは過半兒童の賜である。

第二に行商隊の活動に依て未組織の同情が糾然と集つたことだ。「僕タチハモウ食ベルモノガナンニモアリマセン、ノンキニ學校へ行ッテ居ラレマセン」のビラを見て泣かない者は無かつた。「買つてやれ／＼」と大×壓の中

—— 110 ——

▲土睦村争議における少年行商隊（『戦旗』1929年5月号）

青年部や常任書記であった小松七郎（千葉市黒砂町出身一九〇六‐八四）は、青砥、亀有・千葉北部無診時代の運動に寄りそい、『千葉県民主運動史―戦前編』を執筆している。私は、中島辰猪を千葉北部無診へ推薦する手助けしたのは小松氏ではないかとさえ推定している。

（以上の記述に当たって、小松七郎著「千葉県民主運動史‐（戦前編）」からの「文言」を適宜使用させていただいた）

第9章　「赤化村」攻撃に見る標的の村

辰猪が弾圧と病魔に斃れた後、北部無産者診療所の火を継いだ人たちについての苦闘はすでに見てきた。その後の豊住村はじめ印旛地域、千葉県内の農村民主化をめざす人々を襲った「赤化村」攻撃についてふれておこう。

診療所の閉鎖は農民組合の伸張にも大きな打撃を与えた。そのうえ農民組合や診療所活動にとって有能な活動家を官憲の手に奪われたのは、四重の意味での働き手を奪われてしまったことを意味した。一つは農民組合の機能をマヒさせる役割を、二つは診療所を持続させる力をそいでしまうこととなり、三つ目には、該当者小作農家の農業が持続できなくなってしまうことを意味していた。これについては、当初、残された組合員の協力が得られたが、攻撃は巧妙で協力体制が取り切れない状況に追いこまれていった。

◆「赤化村」攻撃

そして四つ目である。

官憲側は弾圧のなかでも抵抗する活動家組合員を次々に検束し、留置しつつ、「完全転向」を約束するまで留置をやめなかった。その間に村内では徹底した「赤化村」攻撃が行われた。つまり、組織切り崩しとアカ攻撃が一体で行われたのである。

そして「転向」した者だけが拘留から「解放」された後、第一組合には戻させず、村の巡査が身柄を受け入れ、身の回りの世話をする「善導」や「囲い込み」をしたことである。こうしたことは一農村でできる事ではなく、国家権力挙げてのプロジェクトが進行していたのである。全国で進行していた、いわゆる「更生村」づくりである。豊住村がその典型的現場となった。

◆内閣情報部『写真週報』

豊住村で進行したこの事態を、一九三八年、内閣情報部発行の『写真週報』3号（写真）は

「甦った赤化村、千葉縣豊住村――闘争は荒廃を生んだ」
「官民共同――模範更生村の建設へ」
「人の和と熱に蘇った銃後の農村」

と見出しを掲げ、四ページのグラフ紙面を掲載している。

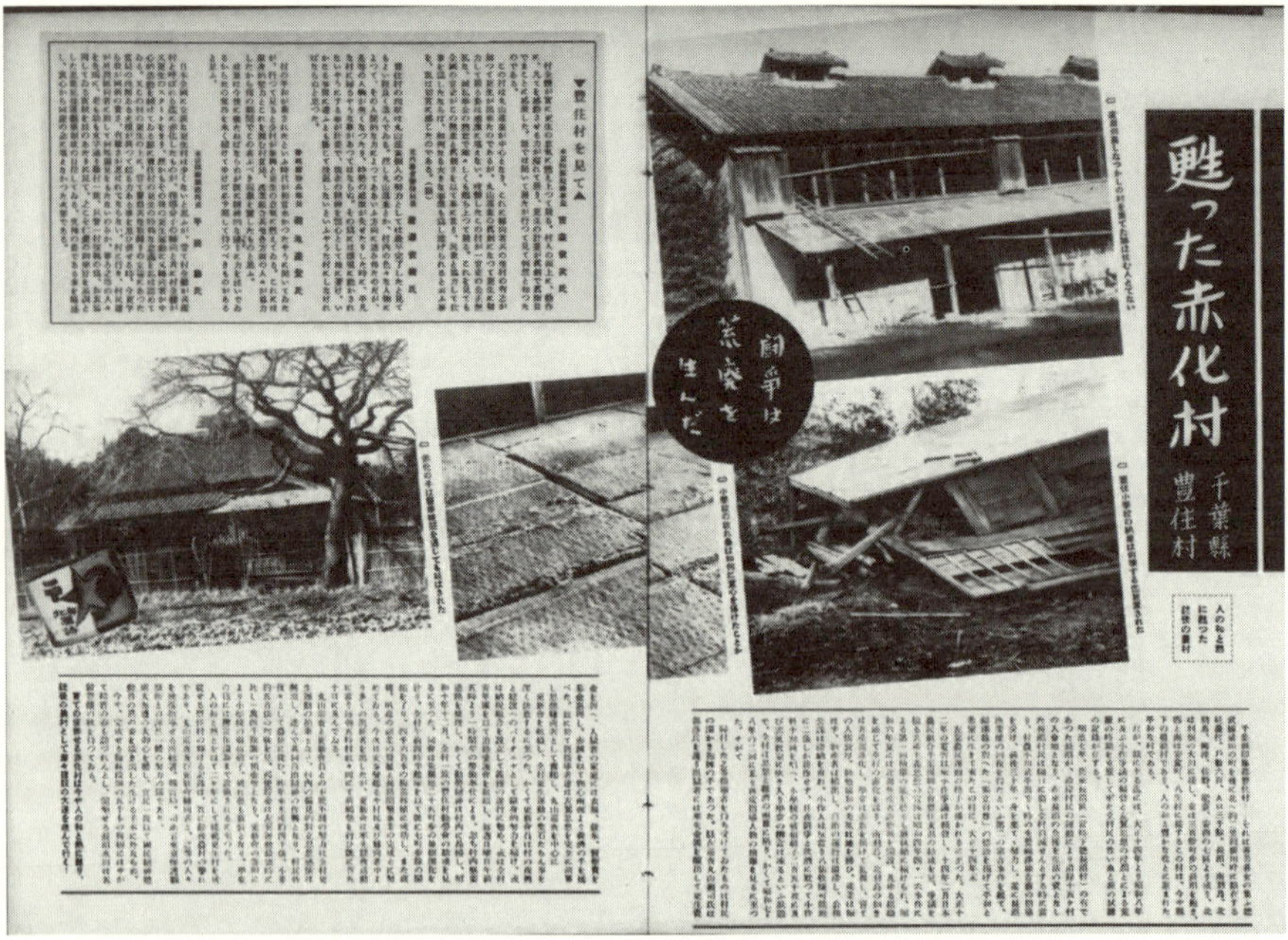

▲内閣情報部『写真週報』3号（1938年）／国立公文書館蔵・提供

『写真週報３号』は、その「成果」（戦果）を誇らしげに報道する。

「……豊住村は今や県下の模範村である。……だが茲《ここ》に至る迄には、大正十四年から、昭和八年に及ぶ小作争議の頻発と左翼思想の浸潤とによる荒廃の時期を克服して来た全村民の尊い血と汗の試練の記録が存する。

……この村に大正十四年末、左翼思想の種が播かれるに至った。……日本農民組合千葉縣連合会豊住支部結成を見、争議を操つる共産主義思想の宣伝は、昭和四年の四・一六事件の第一回検挙の嵐を終わるも猶執拗に続けられ、昭和六年夏には北部無産者診療所を開設、凡ゆる組織を通じて全村の赤化を謀り、南羽鳥、北羽鳥の如きは共産部落化し、学童は赤旗を掲げて乱舞し……。」

しかし、すでにみたように農民たちは自ら

▲内閣情報部『写真週報』３号（1938 年）／国立公文書館蔵・提供

の営農と生活を守るために農民組織を作って団結して起ちあがり、自分たちの手で医療機関を確立して自衛したのである。そうした運動を潰そうとする地主・権力側の攻撃が執拗に加えられたのである。決してその逆ではない。農民たちの闘いが村落に荒廃をもたらしたのではない、時の支配者側の、そして治安維持法弾圧が、農民の団結と人の和を突き崩し、村に荒廃を呼び込んだのである。そうしておいて豊住村を侵略戦争に協力する「銃後の村」に作り変えていったのである。

一九三四年五月一五日、全農全会派の豊住支部は解散の余儀なきに至った。

三五年には「組合再建、北部無診復活」の会合が持たれたが実を結ばなかった。こうして、農民自治と社会進歩をめざす人々とたたかいを圧殺して「満州事変」から一五年侵略戦争に突入し、アジア太平洋戦争へと泥沼の戦争に突入していった。戦争に国民総動員をするために豊住村を見せしめにしたのである。

しかし、戦後編纂された県史、『千葉県の歴史』（資料編・近現代「八」五五㌻）は、

「他方、総本部派と対立関係にあった全国農民組合全国会議派も、一九三二年八月、豊住村（現成田市）に北部無産者診療所を開設している。

これらの医療組合の活動は、国民健康保険制度が「国民皆保険」を実現する以前に、医療を大衆のものとした点で画期的な意味をもっていた」と評価している。

「医療は万民のもの」を掲げてたたかい、その途上で斃れて逝った中島辰猪らの活動への高い評価は定まったのである。

第10章　亀有無診に後継者がやって来た

◆渡辺宗治医師――私はなぜ亀有を選んだか

これまで見てきたように、一九三一（昭和六）年三月に青砥から移動した亀有無産者診療所が開設された。その初代所長の中島辰猪医師が、千葉北部無産者診療所に転出した後の診療所は専任医師を欠くことになったが、金高満すゑなどの応援で切り抜け、ついで橋爪廉三医師が、というように途切れとぎれの医師派遣でつないできた。

そして、ついに終日医療活動を行う医師を再び亀有無診に迎える日が来た。

一九三三（昭和八）年一月から、東北帝大医学部出身の渡辺宗治医師（※）が所長として赴任してきた。この日を農民、勤労市民はじめ無診利用者はどんなに待ち望んでいたことか。

▲渡辺宗治医師

赴任してきた渡辺医師は、当時弾圧で沈んでいた青砥農民組合員を励ましつつ、熱心に医療活動を広げて、青砥のほか、佐野、大谷田、谷中、長右衛門新田、水元飯塚、水元野猿ケ又（現猿町）、水元小合、奥戸・高砂方面にまで診療活動地域を広げつつ、時には船橋海神方面にまで足をのばすなど看護婦二名（村田タケノ、宮内はる）、書記一名（梶原正胤・山梨県出身）の体制で、外来は一日平均四、五〇名に、往診数は五～一〇軒をこなすハードなもので、午前九時から夜九時まで働くという、中島辰猪に優るとも劣らない診療活動に没頭した。診療所は再び辰猪の頃の活気を取り戻していった。
※困難を承知で、この地に飛び込んで来た渡辺宗治という人物はいかなる経歴の持ち主なのか。以下簡単に赴任迄の経過歴を記しておこう。彼こそ、辰猪が果たせなかった、戦前から戦後への激動を潜り抜けて、「医療は万民のもの」の理念を守り続け、受け継ぎ、それを戦後の全日本民医連運動へと橋渡しした医師だからである。

渡辺宗治は、一九〇六（明治三九）年五月一日、福島市本町に生れた。家業は竹内活版社という印刷業。宗治は竹内家の五人兄弟の二男。二五歳の時叔母の渡辺家と養子縁組。

「私が社会問題に関心持ったのは、叔父が明治時代の「自由党・福島事件」に連座した関係である。」福島中学（現福島高等学校）時代は数学好き。仙台二高では理科甲類に進んだ。中島辰猪と同じコースの選択である。仙台二高には早い段階から社会科学研究会が活発で（伊藤千代子が諏訪から仙台尚絅女学校へ入学した時期）、入会《いりあい》、小作争議などの応援にも出かけている。マルクス主義の文献をよく読むのに熱中し、学業がおろそかになり、落第の危険があった。友人が心配し「医者にでもなれ」と勧められ、東北帝大医学部に進学した。

先輩に、のちに坂病院長になった坂猶興《さかなおおき》などがいた。ここで学生運動に参加、ついで学生自治会委員長に選ばれた。そこで共産青年同盟やプロレタリア科学同盟、日本共産党の活動を知る。消費組合運動にも参加した。東京の無産者医療運動に刺激されて一九三二年二月「無産者医療同盟仙台支部準備会」を結成。診療は嘱託医で行い、診療所はもつに至らなかった。この頃、蔵原惟人のハリコフ会議報告「プロレタリア文化運動のあり方」を読んで、労働者農民階級のための医者になろうと決意。大学医学部の中に共産青年同盟員を拡大し、機関紙「イスクラ」を発行した（ロシア語で「火花」の意。レーニンも海外亡命中「イスクラ」を発行。列車の釜焚きに頼んで石炭の中に隠してロシア国内各地に持ち込み配布していたといわれる)。これが警察の手に渡り、仙台で身に危険が出たため上京。いくつかの病院勤務をするもなじめず、大崎の「無産者診療所」の手伝いを始めた。

「大栗君(清實のこと)から無診の専任医師になるようすすめられたが、大崎か亀有かの点で私は亀有を選んだ。私の理念からすれば亀有の方がよいと考えた。……当時、青砥農民組合は弾圧解散させられたが組合員は元気一杯で残っている。この組合員の各々を組合理念の下に再建するためにも診療所が中心となって働かねばならぬ、それが診療所の新しい情勢下の任務であろうと考えて亀有を選んだ」(「青砥亀有無産者診療所運動」・『葛飾医師会雑誌』第32号・昭和45年3月25日所収)

こうした問題意識をもって渡辺は、中島辰猪たちの理念を引き継いで亀有無産者診療所の専任医師となった。一九三三年一月、渡辺宗治ときに二六歳。くしくも辰猪と同年のスタートラインであった。

金高満すゑの『根っ子は枯れず』の口絵写真に提供した青砥・亀有無診の写真は「私が撮っておいたものです」(以上の経歴は、「東北大学医学部の学生運動と亀有無診時代」――『医療社会化の道標』所収などから構成した)。

着任と同時に、彼は前述のように広大な地域の診療活動に奔走した。そして中島辰猪医師時代、日本製紙労組などの支援で健康保険医資格を取得する運動が高まったが実現しなかった経過から、地元の医師会長にかけあい、ついに健康保険医資格を取得、保険診療を亀有無診の医療活動にも適用させることに成功した(当時は医師会会長が認めれば取得できた)。当時、各地の医師会は無産者診療所には健康保険医資格を与えないという申し合わせをしていたので画期的なことであった。

◆三陸大地震・大津波救助活動に

一九三三（昭和八）年三月三日未明、東北地方を大地震と大津波が襲った。治安維持法下の警察が目を光らせている時にその警戒網をかいくぐって東京から救援運動に駆けつけた勇気ある人たちがいた。

一九三三年三月一〇日号「赤旗《せっき》」は、「大海嘯《かいろう》（津波―藤田㊟）、飢餓、凶作の東北三陸海岸を襲ふ」といち早くその惨状を伝え、一五日号では、「労農救援会は救援を組織せよ！」「大軍事予算、国防献金を救済にあてよ！」と呼びかけ、それに応えて全国的な救援活動が展開されることになった。

東京からは亀有無産者診療所の渡辺宗治医師を中心に看護婦・高島あき、労農救援会書記の中野健二の三人が選ばれ、義損金と医薬品を携え東北へ出発したのは三月一〇日。渡辺医師は、先にみたように福島県生まれ、東北帝大医学部出身で仙台はじめ東北地方に多くの医師・先輩の友人がおり、土地に明るいことから選ばれた。

決死行とも言われた三人は、仙台を経由、列車・バス・船を乗り継いで三日間を費やして岩手、宮古を経由して田老村に到着して義損金と医薬品を村役場に届け、医療活動を開始しはじめたところで村役場の通報からかけつけた警察官に逮捕され、その場で救援活動を中断して東京へ警官監視付きで護送された。

「赤旗《せっき》」四月六日号は「三陸被災地に三百餘名の大衆的検擧」の見出しで救援活動に官憲の大弾圧が加えられ、その数三百余名と報じ「三月二〇日には勞救派遣の醫師・渡邊君、その他二名の同志が宮古で逮捕され、……」と具体的に氏名をあげて報道している。

同時に「三月十日、勞救の提唱で三陸救済委員会が結成された」と伝えている。

その模様を「河北新報」の同年三月二七日号は、官憲の側からの視点で次のように報道している。

「慰問に名を借りて巧妙なる赤化運動、東北帝大生ら四名釜石で検挙、岩手県当局一斉活動」、「宣伝ビラを慰問品中に混入、組織的な羅災民赤化計画」などと報じ、「新興医師会及び赤色救援会と連絡を取り三陸の海嘯を絶好のチャンスとして漁民労働者が天災によって感情の激しくしている際に乗じアジテートせんと三班に分かれ、治療班に宮古町で逮捕された渡邊宗治ほか数名が……なお県特高課では執拗なる赤の魔手はこのままでは終わらぬものと一層警戒を厳重にしている」

（当時の新聞報道を見る場合の注意点。純粋の救援活動を「赤の魔手」などと官憲側の思想・史観で逆転させるのが、戦前の報道の中に多くみられる）

三陸罹災地に 三百餘名の大衆的檢擧

既報三陸罹災地救援運動に對する大彈壓は、三月十九日から一週間餘に亙って行はれ、天皇制官憲に逮捕された者の數は三百餘名に上つてゐる。二月廿日には勞救派遣の醫師渡邊君、その他二名の同志が宮古で逮捕され、二十四日には勞救仙臺準備委員會の東北帝大生和泉君外三名が逮捕された。（詳細後報）

三陸救濟委員會結成

三月十日勞救の提唱で、東京市從、全勞統一會議、借家人組合、全農全會、東交、その他十二團體の三陸救濟協議會が開かれ、席上救濟委員會が結成された。活動方針その他が決定され、被害地の各組織、全農宮城縣聯、仙臺消費組合、勞救等は罹災民自身からなる配給委員會を組織する事、企業部落に下からの大衆的救援委員會を設ける事になつた。

▲『赤旗』130 号（1933 年 4 月 6 日号）

渡辺医師、高島あきらの救援活動地・田老村字田老部落は一〇メートルを超す大津波によって全戸数三六二戸のうち流失・倒潰が三五八戸、住民一七九八人のうち死者七六三人を出し、残ったのは役場と学校、寺という惨状で岩手県中で一番大きな被害を出した村。この村の青年男子は、「満州」や「熱河省」作戦に駆り出され、残っているのは老人、婦女子、子どもだけという状態で、そのことが惨状を大きくした。

その救援活動の中心を労農救援会、新興醫師聯盟・無産者診療所が担っていった。

（この先駆的経験と活動は、二〇一一年三月一一日に発生した東日本大震災と続く東電福島第一原発炉心溶融爆発事故に対して全国の民主的組織がいち早く全力を傾注してその支援にあたったことにも通ずるものがある。

私はこの時、「平和と労働センター・全労連会館」の管理室勤務についていて、たまたま東京・中央区平和展会場にいて帰還手段を失い、会場に宿泊して、翌日から会館に泊まり込んで対応に当たった。全日本民医連の入居するこの会館がやがて、福島救援隊の中継点と救援物資の集積場となった。やがて、二階の大ホールに救援物資が次々と積み上げられる光景に胸を熱くしていた）

◆亀有無産者診療所への弾圧と閉鎖

こうした全国に先駆けた活動は特高警察の注目するところとなっていた。

渡辺医師らは日常診療活動のほかに健康相談会など夜遅くまで組織活動を続けていた。

それに対して特高警察と亀有警察署は、一九三三年九月下旬、渡辺医師が往診に出るのを見計らって、事務所に勤務する看護婦、書記を総検挙する弾圧をかけてきた。

こうして診療所機能が失われてしまい、診療所管理委員会はやむなく診療所の閉鎖を決定した。

ここに青砥、亀有と続けられてきた葛飾区内の無産者医療運動はひとまず活動を中止せざるを得なくなった。渡辺医師が赴任してきてわずか九か月間である。

この弾圧の時、山梨県富士吉田の岳北無産者診療所から見習いをかねて派遣されていた書記の梶原正胤（源之丞）は、心臓弁膜症の持病があるのに亀有署は、渡辺医師の何度もの抗議にも関わらず拷問を続け、一〇月下旬に入って瀕死の状態で釈放され、郷里の富士吉田に移送されたが一〇月二九日絶命した。こうして亀有無産者診療所は、中島辰猪に続いてわが国で二人目の弾圧犠牲者を生んだ。

治安維持法国賠同盟は、梶原氏を小林多喜二同様に警察署段階での被「虐殺者」としてリストに加え、永久に顕彰対象としている。

この時、渡辺医師は、

「やがてこの地に無産者の医療運動が、また必ずや芽を吹くと思い亀有に土着すること」

を心に秘めて、同年一一月一日、同診療所近くに渡辺医院を開業。ついで渡辺病院に発展させ、戦後の解放を待った。この間、医療技術を磨くために一九四三年、東大・解剖学教室に通う。

そして、戦後、新日本医師協会、東京保険医協会の設立に参加した。こうした中で、新日本医師協会葛飾支部は会員数都内一の会員を擁するところまで前進させた。

この間渡辺医師は、自らの病院の東京民医連加盟を果たし、ついで一九六七年六月一日、東京民医連・四ツ木病院との合同を果たし、自らも勤務医としてその発展に献身しつつ一九八八年六月二九日死去。享年八二歳。

◆亀有無診の医療器材のその後

亀有無新の閉鎖により、その医療器具・家具什器類はいったん上原倉蔵氏宅（辰猪の墓地提供者）に預けられた。その後、一九三四（昭和九）年三月に南葛飾無診の水野氏私宅に移されたが半年後に彼自身が検挙され閉鎖せざるを得なくなった。水野氏は三四年一一月、この医療器具を新潟県北蒲原郡葛塚無産者診療所に移転させ活動を再開した。

千葉北部無診で中島辰猪に協力した野口ワカもかけつけた。彼女はその後、大崎無診の看護婦として勤務中に検挙され、やむなく地域の労働者となり、そこでも検挙されること五回。その時は、

「五度目の逮捕の時は、翌年の八月三日まで一年一ヵ月、大崎署の三畳に留置された。この時も全然風呂に入れられずたくさんの拷問に苦しめられた。革バンドやヒザ乗りのほか、今度は、私を座らせ、ヒザの間と足クビの間に棒をはさみ、捜査で押収した火鉢とか本などをヒザの上に重ね、一日中そのままの姿勢で座らせるのである。……私が逮捕されて間もなく、昭和八年の秋、二回の弾圧で大崎、亀有の両無産者診療所も遂に潰滅してしまった。……」そして、「昭和十年の春。私は新潟五泉南部診療所に就任した。医療同盟の診療所は、もう新潟県の北蒲原（葛塚医療同盟診療所―藤田㊟）と中蒲原の五泉だけになっていた。……

五泉診療所は、農民組合が中心になって作られたものである。この地方は不在地主が多く、全国でも最も貧乏な所なため、農民組合は非常に戦闘的であった。小作料不払いにたいして裁判所が田圃に立入禁止の札を立てても、ものともせずに突入したし官憲にも激しく抵抗し、たたかっていた」（『白の青春』148―9、153ジペー）。

やがて、治安維持法後の「保護観察法」で東京以外への移動の自由を奪われていた金高満すゑが

特高警察の監視を振り切ってやって来た。この時は医師免許を取得していた。彼女は水野医師とともに精力的に農村に入り医療活動を進めた。

太平洋戦争開始直前の四一年四月、新潟県の戦闘的な農民組合の蒲原、五泉の幹部が総検挙されたため基盤を失い閉鎖のやむなきに至った。これによってわが国の無産者診療所運動は一一年余の幕を閉じざるを得なくなった。

その後、この医療器材は大阪の岩井弼《ひつ》次《じ》医師によって買い取られ岩井記念・蒲生《がもう》厚生診療所に保存された、と伝えられる。

こうして青砥、亀有農民組合員らと古川松柏氏の血と汗によってつくられた医療器材は、中島辰猪らによって使用され、次第に拡充し、長く人々の医療活動に役立って引き継がれた。

戦前のわが国の無産者診療所運動は、一病院二三診療所まで発展し、二〇県に準備会が組織される（全日本民医連編『無差別・平等の医療をめざして・上巻』二〇一一年刊）など、勤労国民のなかで医療運動を前進させていたが、侵略戦争へと突き進む支配勢力と治安維持法、特高警察の弾圧によってその営為を終了せざるを得なかった。

しかし、それまでの国民的運動は無に帰したわけではなく、戦前の日本人民のさまざまの闘いは、戦後、平和と人権、民主主義の日本国憲法として結実し、また戦後いち早く民主的医療運動が全国的に展開され、無産者医療運動に参加した医師、看護師、事務局員など多くの医療人が戦中の困難を乗り越えて戦後の民主的医療組織作りに献身し、今日の全日本民医連の基礎を創り、その発展に寄与した。その基底には戦前の苦闘に満ちた運動があった。

補章　無産者診療所のルーツをさぐる

この間、「無産者診療所」という言葉を多用して来た。戦後生まれのみなさんには聞きなれない言葉でしょう。おおまかにいえば、今日の全日本民医連に加盟する病院、診療所などの戦前版だといえるものである。しかし、この貧しい人々のなかで自主的に進める医療運動は、天皇絶対の専制支配を貫きたい支配層にとっては、こうした運動がやがて、支配の根幹を揺るがす力に発展するのを危惧し、治安維持法や官憲の干渉と弾圧で抑えこもうとした。本書でみてきた人々の自主的医療運動への妨害はそこに起因している。

そこで、本書の最後に、このような無産者医療・診療所運動のそもそものルーツについて若干触れておきたい。

戦前の日本は、明治憲法（帝国憲法）下で主権在君（天皇が絶対的権力を握っていた）。それを支えるために勅選の皇族・貴族や大金持ちだけが、議会を独占し、国民無視の政治を進めていた。それを改めさせるために普通選挙運動がおこり一九二五（大正一四）年に「普通選挙法」が成立した。普選法とはいえ、国民の過半数を占める女性の参政権は認められず、男子も二五歳以上という制限法であった。しかし、この法律で労働者国民の男子の多くが国政選挙に参加し、国民の声が議会にわずかだが反映することが可能となった。これまでの支配の根幹が揺るがないように、同時にこの時、国民の政治運動、社会運動への大きな足かせとなる治安維持法が制定された。

一九二八（昭和三）年二月の第一回普通選挙で、無産政党は一定の前進を見せ、労働農民党（労農党）は、そのうち最大の一九万票余を獲得し躍進した。当時、日本共産党は治安維持法で非合法化されていたため労農党と共同して選挙戦を戦った。伊藤千代子が学費を拠出して小樽の多喜二らの待ち受ける選挙区へ送り出した山本懸蔵もその一人である。この時、京都では労農党から立候補した山本宣治ら二名が当選をかちとり、議会に衝撃が走った。この選挙戦では、北海道拓殖銀行員の小林多喜二も労農党の選挙応援活動に参加し『東倶知安行』でその選挙戦の模様を描いたことで知られる。

こうして、日本の国民の期待を担って山本宣治らの議会活動が開始された。

◆山本宣治の活躍と暗殺

ここで、敬虔なクリスチャン家庭に育った山本宣治が、なぜ政治活動に参加してくるようになったかについてふれておきたい。

山本宣治は病弱なため、京都・宇治の「花屋敷」で花の栽培などですごし上京。早稲田の大隈重信邸で蘭の栽培を手がけ、その間に神田の正則英語学校に通い、やがて、叔父の勧めでカナダ・バンクーバーに渡り、皿洗い、サケ漁など苦役をしながら勉強し、ブリタニア高校を首席で卒業。この地でダーウィンの「進化論」などを読み、生物学者をこころざした。

▲山本宣治

また、社会主義宣伝の文献を読み、大逆事件にも関心を示しはじめる。山本宣治二二、三歳。ついで帰国、京都同志社大学から三高、東大へと進み、卒業後、京都帝大大学院入学、同志社大学予科講師、京大医学部講師などを歴任。やがてアメリカのサンガー夫人の「産児調節運動」、ドイツのニコライの「戦争の生物学」の翻訳に取りかかる。関東大震災の年

（一九二三―大正一二年）、労働総同盟と関係し関西の労働学校の講師、校長として労働者教育に尽力する。一九二六（大正一五）年「京都学連事件」に連座、この時、野呂栄太郎と出会う。こうして迎えた一九二八年の普選で京都の農民・労働者・共産党から請われて立候補、見事当選を果たす。山本宣治は、みんなから「やません」と親しみを込めた愛称で呼ばれ、帝国議会では少数派だったが労働者、農民、零細市民の要求を議会でとりあげて闘った。

当選直後の三月一五日、いわゆる「三・一五事件」という共産党員、活動家一六〇〇名にも及ぶ人々を逮捕、拷問取り調べの弾圧事件が起き、刑務所につながれた。ついで二八年六月には天皇の緊急勅命（戦前は、天皇が法律を作ることができた）によって、治安維持法の最高刑を死刑に、同時に官憲側が勝手に人々を拘束できる「目的遂行罪」が付与されるという大改悪が行われた。山宣は議会のたびごとに治安維持法の弾圧、拷問、女性への凌辱などについて追及してきたから、この緊急勅令による治安維持法改悪には絶対反対を議会で主張してたたかった。二九年三月五日、議会で反対演説を封じられた山宣は、その夜、東京・神保町の定宿である光栄館へ訪ねてきた右翼黒田保久二によって刺殺された。この刺殺には、大物内務官僚の使唆《しそう》があった。支配階級にとって勤労国民の要求実現の立場で活動する山宣の行動は、捨てておけないことだった。小林多喜二の場合も同様で、かれは反戦小説を書いて殺された。戦争に反対するものを圧殺しておいて侵略戦争の道をひた走っていく姿は本書でもふれて来た。

◆「山宣記念労働者・農民の病院をつくれ」

この山宣の通夜の場で憤激の声とともに山宣を記念した労働者・農民の病院をつくれ！という声があがった。列席していた労働者診療所の医師大栗清實、泉盈之進《えいのしん》によって起草されたアピールが

『戦旗』二九年四月号・「山宣特集号」に「労働者農民の病院を作れ」として掲載された。

「……我々は病気になっても金がないため、醫師の診療を受けることを幾度か躊躇し空しく病人を危篤に陥らしめねばならない。致命的な怪我をしても「保証金」が積めないために入院を拒絶される。薬代が滞っているからといって、死に瀕していても往診を断られる。「健康保険」で搾られている上に、醫者からは被保険者であるために粗悪な薬しか貰えない。……我々の病気を治すためには我々自身の病院をもたねばならぬ。労働者農民の健康は労働者農民自身の組織が保證せねばならない。……

凡ての工場から農村から職場から学校から、一銭二銭の零細な基金を集めて送れ、大衆的支持によって我らの病

▲わが国初の無産者診療所（東京・大崎／『戦旗』1930年4月号）

院を建設しやう。

労働者農民の病気を労働者農民の病院で治せ！

建設基金五千圓を工場農村から送れ！

労働者農民の病院設立万歳！

一九二七(*)年三月一五日」

解放運動犠牲者救援会／

病院設立基金募集委員会
（*実際の発行年は一九二九年。誤植ではなく、原稿執筆時の間違いが訂正されずそのまま組版されたための間違いである）


こうして零細労働者、勤労市民が密集する東京・五反田にわが国初の無産者診療所が創られ、第五高等学校での辰猪の先輩大栗清實が最初の医師として診療に当たった。その後、続く各地の無産者診療所が地域名を冠していくこととなったため、「大崎」を頭に付けて呼称されるようになった。この診療所は、一九二九(昭和四)年一二月、まず夜間診療から開始、翌三〇年一月から本格的な診療活動を開始していった。

ついで二番目に農民組合運動が盛んな府下葛飾郡亀青村の青砥の水道路《みち》近くに青砥無産者診療所が一九三〇年八月二〇日開所され、大栗の後輩の中島辰猪が中核の医師として診療を開始した。辰猪のよき助手・相談相手としてベテラン看護婦高島（赤城）あきが選ばれて大崎無診から派遣されてきて苦楽を共にした。その高島が死の床に横たわる辰猪の看護を献身的に行なった。

【執筆協力】（以下、順不同）
遺族・親族他＝伊東阿柚子、古川由理、大東信男（本籍地宇佐市・慈眼寺住職）
葛飾区地域＝浄土宗法問寺、小松伸哉、故・針谷宏一
無産者医療運動＝川嶋みどり、長瀬文雄、柏木功、箱木五郎、中小路純、黒田誠
治安維持法犠牲者国家賠償要求同盟中央本部＝小田憲郎、福井正樹、山本茂貴、小松実
宇佐市調査＝林正道、山下一行、筒井栄一　他
資料撮影＝植村恵美子

【資料提供】
遺族・親族＝伊東阿柚子／古川由理
愛媛県宇和島市立立間小学校／大分県宇佐市教育委員会／大分県立宇佐高等学校同窓会
熊本大学五高記念館／旧制松本高校記念館／手塚英男
国立公文書館／国会図書館／千葉県立図書館・西部図書館／成田市立図書館／埼玉県富士見市立
中央図書館・渋谷定輔文庫／法政大学大原社会問題研究所
治安維持法犠牲者国家賠償要求同盟中央本部／同熊本県本部／同徳島県本部／同岡山県本部／同千葉県本部
日本共産党中央委員会党史資料室
全日本民主医療機関連合会
大阪民主医療機関連合会
東京山宣会

日本民主青年同盟中央委員会・「民主青年新聞」
日本国民救援会中央本部
川嶋みどり／故・猪飼隆明／長瀬文雄／柏木功／黒田誠／中小路純／玉川寛治／椎葉郁男／故・針谷宏一／高橋俊敬
全労連会館付属・産別会議記念労働図書資料室

【参考文献】

『無差別・平等の医療をめざして　上・下』全日本民主医療機関連合会歴史編纂委員会・保健医療研究所（二〇一二）
『民主医療運動の先駆者たち』――増補・改訂版――増岡敏和著・全日本民主医療機関連合会監修／全日本民医連出版局（一九七八）
『根っこは枯れず』金高満すゑ著・東京民主医療機関連合会（一九六七）
『医療社会化の道標――25人の証言』医学史研究会／川上武編・勁草書房（一九六九）
『新版・革命と青春』山岸一章著・新日本出版社（一九八五）
『白の青春――六人の看護婦の手記』医療文藝集団編・東邦出版社（一九六七）
『無産者衛生必携』新興醫師聯盟編・叢文閣版（一九三二）
『日本学生運動の歴史』中村新太郎著・白石書店（一九七六）
『個性派将軍――中島今朝吾』木村久邇典著・光人社（一九八七）
『千葉県の歴史』資料編・近現代8・千葉県史料研究財団編集・千葉県（二〇〇三）
『図説・成田の歴史』成田市（一九九四）

「青砥、亀有無産者診療所運動」（渡邉宗治「葛飾区医師会雑誌」第32号／昭和四五年三月）
『千葉県民主運動史―戦前編』小松七郎著・千葉県自治体問題研究所（一九七七）
『千葉県北部無産者診療所物語』中小路純著・本の泉社（二〇一二）
『戦前の日本共産党と渡辺政之輔』土井洋彦著・治安維持法国賠同盟千葉県本部編（二〇一九）
『女工哀史を超えた紡績女工　飯島喜美の不屈の青春』玉川寛治著・治安維持法国賠同盟千葉県本部編・学習の友社（二〇一九年）
『特高警察が踏みにじった人々の記録――千葉県編』治安維持法国賠同盟千葉県本部編（二〇二二）
『改訂　地下水、その湧き出いずるを願って』梶原定義編著・治安維持法国賠同盟熊本県本部編（二〇二〇）
「赤旗」復刻版・白石書店版（一九七二～七三）
『戦旗』1929年5月号／付録『少年戦旗』戦旗社

中島辰猪関連略年表

M 37	1904	6月23日母山下タカ、父中島百藏の長男として愛媛県北宇和郡立間村に生まれる	
44	1911	母・タカの実家のある愛媛県北宇和郡立間尋常小学校に入学	山下姓
T 1	1912	父・百藏38歳で死去。直前の10月28日に認知を受け中島家入籍	中島姓に
6	1917	6年生、3学期の1か月のみ父の本籍地、大分県宇佐郡八幡尋常小学校通学、4月、大分県立宇佐中学校に入学	
11	1922	2月、学友会雑誌「童話・ある王子の嘶」「新詩・晩秋の里巷」寄稿、3月卒業 4月、第五高等学校（熊本市）に入学・理甲専攻（習學寮で生活）	保証人、伯母の中島マツ
12	1923	（五高に社会主義グループFR結成）	保証人、叔父の中島今朝吾
14	1925	校友会雑誌『龍南』195号に「夏より秋へ――故郷雑詠」掲載（留年）	
15	1926	3月同校卒業。4月、千葉医科大学へ入学。文藝部、漕艇部などに所属	
S 2	1927	千葉医科大学文藝雑誌『閑』編集長、執筆寄稿 このころ『社会主義の必然』『唯物弁証法と自然科学』『マルクス的方法の形成』『芸術と社会科学』など、科学的社会主義の基礎的理論の学習	（未発見）
4	1929	（労農党代議士・山本宣治右翼暴漢に刺殺さる。大栗清實ら「山宣記念病院を作れ」アピール→「無産者診療所」運動始まる）	大学内の学生運動が活発になり、社研活動始まる。
5	1930	3月、千葉医科大学卒業。「卒業アルバム」に「思想することは闘争である」と自署。4月、同愛記念病院（東京・墨田区）耳鼻咽喉科勤務医 8月、東京・亀青村（現・葛飾区）に青砥無産者診療所開所、藤原豊次郎夜間診療開始。10月、中島辰猪常勤医として勤務、午前、夜間医療開始	亀青村、国分村農民組合などによる無診誘致運動。古川苞の父松柏氏拠金を加えて開設にこぎつける。

6	1931	3月、同村内に亀有無産者診療所開業、所長に就任。農民組合争議支援、日本紙業社内医に就任 8月、千葉北部無産者診療所開設運動に参画、週1回巡回。秋から常駐。 8月、本籍を大分県八幡村から東京・亀青村（現・葛飾区）に移動し、永住の決意示す 11月16日、江東無産者診療所設立準備会娯楽大会で挨拶中、官憲の弁士中止命令に抗議、その場で検束され両国署に留置。冷寒の留置場で「急性虫垂炎」症状発症、同愛記念病院に入院する。病状悪化中にもかかわらず三浦院長の強制退院命令により、12月16日、亀有無診に移送。治療	新興醫師聯盟結成に参加 日本無産者医療同盟中央委員 『無産者衛生必携』執筆
7	1932	1月、病状悪化のため同愛記念病院に再入院。2月12日午後10時50分死去。27年の生涯を閉じる。 2月15日、亀有無産者診療所で告別・追悼会。60人余参列。愛媛県から母タカ、実弟山下敏参列。河上肇・秋田雨雀氏ら弔意。 中島辰猪の分骨は葛飾区青戸・法問寺の上原倉蔵氏墓地に埋葬	
8	1933	1月、渡辺宗治医師、亀有無診常勤医とてして就任。3月、三陸大地震救援に渡辺医師、高島あき看護師派遣。宮古、田老で救援診療中検挙される。 9月中旬、亀有署の弾圧で無診勤務員全員が検挙され、やむなく閉鎖。	千葉北部無診、官憲の弾圧で9月に閉鎖。 農民組合運動に「赤化村」攻撃激化
10	1935	地元有志による3年忌法要	
35	1960	2月12日、医療関係者による法要が法問寺で開催。61年33年忌法要。	
40	1965	4月、日本国民救援会葛飾支部、葛飾区青戸の法問寺境内に「中島先生之墓」建立。以後、毎年命日墓参会挙行して今日に至る	
H24	2012	2月16日「没後80周年集会」開催。同日の講演録「野葡萄の蔓」発行	
R6	2024	2月12日墓前祭と遺族提供の「辰猪遺品・資料」公開と報告会 9月27日遺族招き追善法要。生誕120年記念集会	

あとがきにかえて

戦前から今日まで、反戦平和、主権在民、人権・生活擁護はじめ社会進歩をめざす社会運動、社会変革運動に献身された人々の安息の場所・のちに続く者たちの尊敬と祈りを捧げる場所が東京・青山霊園の一角を占める「解放運動無名戦士墓」(次頁写真)である。

中島辰猪は、戦後一二年経った一九五七年三月一八日、パリコンミューンを記念したこの日(第一〇回目)に多くの人々とともに合葬された。その折の「記録」には次のように記されている。

> 「中島辰猪(―一九三一)医師。一九三一年(昭和6)創立されたばかりの青砥(のち亀有)無産者診療所に移り、無産大衆のための医療活動に献身した。同年六月自転車で往診の途中盲腸炎から腹膜炎を起し手当の効なく死去。死後その徳を慕った農民組合員らにより青砥村の某寺内に鎌とハンマーを型どった墓標が建立された。遺=不明」

(生年欄空白、没年・創立年・自転車往診中・青砥村の某寺・墓標型は誤記。遺族も不明とされている
――引用者藤田㊟)

合葬当時、申請者の側に正確な資料・情報が不足していたことは、本書を読まれた方には歴然である。

その後、本書にもたびたび登場する金高満すゑ氏の『根っこは枯れず』、増岡敏和氏の『民主医療運動の先駆者たち』などによって中島辰猪の足跡、とくに無産者診療所時代の活動については詳細

に明らかにされた。

　筆者は、ライフワークとなった長野県の郷里諏訪の伊藤千代子の生涯の調査活動のかたわら、治安維持法犠牲者国家賠償要求同盟に所属し、戦前の治安維持法下の被弾圧犠牲者のほり起こしと顕彰活動、国に「謝罪と賠償」を求める運動に加わった。この間何人かの犠牲者の調査に携わり、中島辰猪も対象とした。二〇一二年に、その内容を『野葡萄の蔓』とするパンフとして発表した。

　しかし、この旧パンフでは、この時点では金高氏、増岡氏の記述以上にはでなかった。とりわけ、辰猪の詠んだ「ふるさと」と出生地とされた場所との違和感については後日の調査を約したままとなっていた。出自についても同様である。また辰猪の最後の任地となった千葉北部無産者診療所時代の「空白」も千葉県在住者として気になったままであった。

　はからずも拙著が原作となる劇映画「わが青春つきるとも――伊藤千代子の生涯」企画の進

▲解放運動無名戦士墓（都立青山霊園・2024 年 3 月 20 日。提供：日本国民救援会）

行と製作・上映運動を援けるために全国行脚するなかで、辰猪の本籍地（大分県宇佐市）、出生地（愛媛県宇和島市）にまで足を運ぶこととなった。「はじめに」で記したように、旧パンフの発行などが取り持つ縁で、ついに母方の遺族、親族にめぐり合う幸運に恵まれた。そこからもたらされた一〇〇年前の「辰猪遺品・資料」は第一級のもので、辰猪が何を考え、どういう方向に動こうとしたか、などを明らかにすることができた。

あまりにも短い人生であった。まだまだやりたいことが山積していた。自らの可能性に挑んでみたかったであろう。どんなに生きたかったであろう。その生を中断させたものへの怒りがふつふつと湧いてくる。そんな中島辰猪の思いや気持ちをどれだけ伝えきることができたか。

執筆の途上で、「民主青年新聞」（日本民主青年同盟機関紙）からの取材を受け、当紙二〇二四年五月六日号に掲載された（次頁写真）。その折や取材の過程でさまざまの方々から「無

(第三種郵便物認可)　民主青年新聞　2024年5月6日(月曜日)　(12)

医療は万民のものとの精神を貫いた

「思想することは　闘争である」。これは戦前に活躍《かつやく》した青年医師・中島辰猪《たつい》が残した言葉です。彼は大学卒業後、「無産者医療」運動に従事しましたが、そもそも無産者医療とはどのようなもので、彼はどのような信念を持って活動したのでしょうか。労働者教育協会理事の藤田廣登《ひろと》さんに聞きました。(齊藤崇記者)

中島辰猪

1904年、愛媛県宇和島《うわじま》生まれ。旧制宇佐中学、熊本の第五高等学校を経て千葉医科大学（現在の千葉大学医学部）を卒業後、東京都葛飾《かつしか》区や現在の千葉県成田市の無産者診療所で医師として働くかたわら、小作争議や工場のストライキの応援にも熱心に駆けつけていた。31年、江東無産者診療所の設立準備会で講演中に検束され、亀有《かめあり》署に留置され、腹膜炎を発症するも、適切な治療を受けられず、翌32年に27歳で死去。

中島辰猪生誕120年

▲千葉医科大学卒業前、1930年の中島辰猪（写真は藤田さん提供）

—そもそも無産者医療とはどういうものでしょうか?

今でこそ、国民皆保険制度のおかげですべての人が医療を受けられるようになりましたが、これは戦前のたたかいがあって、戦後日本国憲法の下で結実したものです。戦前は国民のほとんどが無権利状態で、医療が受けられたのはごく少数の富裕層だけでした。人口の多くを占める農民、労働者や勤労市民、女性たちは病気になっても病院に行くお金がありませんでした。このような人たちは、一握《ひとにぎ》りの裕福な「有産者」に対して「無産者」と呼ばれました。

当時は、病気になった人々——国民全体が等しく医療機関にかかれるような医療制度や社会のしくみはありませんでした。こうした人々の窮状《きゅうじょう》を救いたいという運動が1920年代から生まれてきます。30年には労働者や勤労市民が中心となって、日本初の無産者診療所である「大崎無産者診療所」が東京・五反田《ごたんだ》に生まれました。

—中島辰猪はどのような思いで、無産者医療に尽力したのでしょうか?

彼は文学青年で、大学時代にはプロレタリア文学も読み、次第《しだい》に科学的社会主義学習に進みました。この時期に「自分は金もうけのために大学に行くのではない。病院へ行けないような人を助けるためだ」という決意を固めました。辰猪は大学の卒業アルバムに「思想することは　闘争である」という言葉を書き残していますが、これは彼の思想的前進と決意を表していると思います。

卒業後は墨田《すみだ》区の同愛記念病院で耳鼻咽喉《じびいんこう》科の医師として就職します。同愛記念病院は、関東大震災の後、焼け出された人や財産を失ってしまった人たちのために、主にアメリカから送られた寄付金をもとにして作られた病院で、「診療は無料を原則とする」という方針が掲げられていました。まさに、辰猪が望んでいたことを実践する職場でした。

この頃、大崎無産者診療所に続いて「青砥《あおと》無産者診療所」が設立されます。同愛記念病院での辰猪の仕事ぶりを知っていた五高時代の先輩の大栗清實《おおぐりきよみ》（徳島県出身）らは、青砥無産者診療所の医師にと、辰猪に声をかけます。大栗らの熱心な説得もあり、辰猪は30年10月、常勤医師として活動し始めます。青砥無産者診療所は農民組合によって設立され、主な患者は農民でした。辰猪は午前中に診察をし、午後は同愛記念病院に戻って臨床の勉強、夜に重病で診療所に来られない患者への巡回診療を自転車で行い、夜11時まで、休日なしに働きました。彼は耳鼻咽喉科医師ですが、患者は風邪《かぜ》やけが人、内科など自分の専門知識だけでは足りない部分を勉強し直していました。診療所のある葛飾区だけでなく、江東《こうとう》区や江戸川区、埼玉県や千葉県の一部まで飛び回って、親身に医療活動をしていました。「お金は後でいい、すぐ連れてこい」「絵を書いて病気の説明」「人生相談」など「医は仁術《じんじゅつ》」を地でいくヒューマンな医療活動を聞きつけてたくさんの患者が押しかけてきました。やがて青砥が手狭《てぜま》になったため、常磐《じょうばん》線沿線の亀有《かめあり》の農民組合や労働組合なども加わって「亀有無産者診療所」が設立され、「赤ひげ先生」と呼ばれて評判となります。

▲青砥無産者診療所跡（写真は藤田さん提供）

辰猪は常に農民や勤労者の立場に立ち、彼らとよく打ち解け合い、小作争議やストライキにも駆けつけてけが人の救護に当たるなど、農民や労働者と一緒にスクラムを組むような正義感の強い青年でした。当時は治安維持法による小作争議への弾圧が激しくなっており、先輩の医師たちから「弾圧されるから争議現場へ行くのを控えろ」と説得されますが、辰猪は「こんな社会的不条理を現場で見ていて放っておくことはできない」と答えたといいます。彼も演説中に治安維持法弾圧に遭い、27歳の若さで亡くなりますが、短い生涯《しょうがい》の中でも「金もうけではなく、病院へ行けないような人たちを助ける」という信念を貫いたのです。

—現代に生きる青年が、中島辰猪について知ることにはどんな意義がありますか?

人間は、環境に順応《じゅんのう》して生きる他の生きものと違い、社会に能動的に働きかけて、社会を変えていくことができる生き物です。辰猪は無産者医療の世界に飛び込んで、献身的に働きました。今日、彼の精神は、戦後の「無差別・平等の医療と福祉の実現をめざす組織」を綱領に掲げる全日本民医連（全日本民主医療機関連合会）の医療機関、そこで働く医師・看護師や関係者の人々やそれを支える組織に引き継がれています。彼は医師として能動的に社会に働きかけ、社会を変える役割を果たしたと言えるのではないでしょうか。

いま、青年の中には「自民党支配の社会は変わらないんじゃないか」とあきらめている人が少なくありません。しかし同時に、自分たちが理想とする社会に変えていこうとする人たちもいるし、変えていけるという確信を持つことが非常に大事です。辰猪は戦前の治安維持法による弾圧の中でも、貧しい者の味方になって声を上げ続けました。その活動は、戦後の日本の民主的な運動の発展の土台作り、社会進歩に貢献する一員であったといえると思います。

私たちは辰猪の生き方に学び、自分のことだけでなく、真面目《まじめ》に働いているすべての人が報われる社会にするための一員として自分も生きていくんだ、という考えをはっきり持つことが大事です。そういう青年が増えることが、日本の社会進歩を押し進める、新しい社会を準備していく土台になっていくと思います。

▲「民主青年新聞」2024年5月6日付。提供：日本民主青年同盟中央委員会

産者って、どういう意味ですか」という質問を受けることがしばしばあった。戦前の、天皇が絶対的な専制支配権力をもっていた下での社会運動の活動や困難の記述に当たってできるだけイメージの湧く様に、私の能力の及ぶ限りでの「解説」じみたものを挿入しながら書き進めた。あわせて現代を生きる青年たちに社会に能動的に働きかけていくことの意味をともに考える糧に、人間社会発展の原動力となる階級闘争の視点などもつらぬく様にした。

なお、本書では「看護婦」という戦前、戦後へと長く使われてきた呼称をそのまま使用している。今日の「看護師」と読み替えてお読みいただきたい。

本書の執筆に当たり、多くの方のご協力と激励を受けた。また浅学を補うために多くの方々の著書・論考を参考にさせていただいた。一人ひとりのお名前をあげなかったが、心からお礼を申し上げたい。

二〇二四年八月二九日　　擱筆《かくひつ》

【著者略歴】
藤田廣登（ふじた・ひろと）

1934年　長野県下諏訪町生まれ
化学会社勤務を経て労働者教育協会・学習の友社勤務
財団法人「平和と労働会館」専務理事。「平和と労働センター・全労連会館」建設委員会事務局。公益財団法人・全労連会館専務理事。東京山宣会副会長を経て
現在、労働者教育協会理事、治安維持法犠牲者国家賠償要求同盟顧問
畑田重夫記念「映画・わが青春つきるとも――伊藤千代子の生涯」製作（上映）を支援する全国の会・事務局　伊藤千代子の会（在京）事務局

●主な著書・共著・パンフ
『時代の証言者　伊藤千代子』（旧版・学習の友社　2005年）
『小林多喜二とその盟友たち』（学習の友社　2007年）
『増補新版　時代の証言者　伊藤千代子』（学習の友社　2020年）
『野葡萄の蔓―戦前、無産者医療に生涯をかけた青年医師　中島辰猪』（2012年）
『古川苞――その不屈の生涯』（追悼実行委員会　2018年）
『ガイドブック・小林多喜二の東京』（共著・学習の友社　2008年）
『“我らのやません”と東京――山本宣治の生涯』（共著・東京山宣会　2016年）
『いまにつながる治安維持法体制に決着を』（共著・治安維持法国賠同盟千葉県本部編　2024年）

●連絡先　E-mail：fujitahiro@outlook.com　TEL.090-4527-1129

「医療《いりょう》は万民《ばんみん》のもの」を掲《かか》げ志《こころざし》なかばで斃《たお》れた医師《いし》
中島辰猪《なかしまたつい》

発　行　2024年9月27日　初版　第1刷

著　者　　藤田《ふじた》 廣登《ひろと》

発行所　　学習の友社
〒113-0034　東京都文京区湯島2-4-4
TEL.03（5842）5641　FAX.03（5842）5645
郵便振替　00110-6-179157

製　作　株式会社プラス・ワン
印刷所　モリモト印刷株式会社